공간의 기분

공간의 기분

1판 1쇄 발행 2018. 10. 27.
1판 4쇄 발행 2023. 11. 10.

지은이 김종완

발행인 고세규
편집 김민경 | 디자인 이경희

발행처 김영사
등록 1979년 5월 17일(제406-2003-036호)
주소 경기도 파주시 문발로 197(문발동) 우편번호 413-120
전화 마케팅부 031)955-3100, 편집부 031)955-3200 | 팩스 031)955-3111

값은 뒤표지에 있습니다.
ISBN 978-89-349-8381-1 13610

홈페이지 www.gimmyoung.com   블로그 blog.naver.com/gybook
인스타그램 instagram.com/gimmyoung   이메일 bestbook@gimmyoung.com

좋은 독자가 좋은 책을 만듭니다.
김영사는 독자 여러분의 의견에 항상 귀 기울이고 있습니다.

공간의 기분

김종완 지음

김영사

목차

프롤로그

'공간전략디자이너'

　이름 앞에 이 수식어가 붙기까지 나의 인생은 꽤 빠른 템포로 흘러왔다. 열여섯 살의 나이에 유학을 결정하고 무턱대고 프랑스로 떠난 탓에 공부도, 고생도 이른 나이에 경험해야 했지만 그 때문에 나는 내가 무엇을 좋아하고 무엇을 잘할 수 있는지 남들보다 조금 일찍 아는 사람이 되었다. '빠르다', '이르다'로 점철된 나의 인생은 가끔 버겁고, 때로 나를 잠식하기도 했지만 그것의 성과로 이룬 희열은 그 무엇으로도 대체할 수 없었다. 사람들에게 보통 나를 소개할 때 '공간전략디자이너'라고 한다. 흔히 공간을 '꾸미는 사람'을 통상적으로 칭하는 '인테리어디자이너'와는 여러 가지 면에서 차이가 있다. 가장 큰 차이는 공간의 시작부터 끝 그리고 그 속에 담기는 사람들의 마음과 철학까지 책임진다는 점이다. 내가 할 줄 아는 것은 인테리어 설계지만, 재미있어하는 것은 공간설계에 베이스를 두고 마케팅과 브랜딩 혹은 공간의 가이드라인을 잡아주는 일이다. 프랑스에서부터 지금까지 10년 동안 경험했던 다양한 공간디자인 경험과 지식을 나누며 각 분야 전문가들과 협업하고 기획부터 마지막 옷매무새까지 디렉팅 했다. '공간전략디자인'이란 결국 이 모든 것을 켜켜이 쌓아, 사는 사람도 방문하는 사람도 오래도록 머무르게 하는 것이다.

자신만의 고유한 아이덴티티를 갖춘 공간디자인 회사가 더 많아졌으면 좋겠다는 바람이 있다. 인테리어가 유행을 따라가는 것이 아니라, 공간에 맞는 색과 철학을 디자인에 녹여낼 때 그에 따라 서로 할 줄 아는 것이 나뉘게 되고 궁극적으로 우리나라 디자인이 다양하게 개발되기 때문이다. 이는 서로에게 신선한 자극이 된다. 어느 분야나 그렇겠지만 선의의 경쟁을 통해 발전하는 것이 가장 평화롭고 합리적인 결과를 도출한다. 이 과정에서 클라이언트는 좋은 디자인을 볼 줄 아는 안목이 생기고, 전공자들과 대중은 다양한 디자인을 접하며 자신이 좋아하는 스타일과 잘하는 것을 찾게 된다.

이 책에는 홀로 공간에 대해 치열하게 고민했던 시절과 〈종킴디자인스튜디오〉의 아이덴티티를 정리해서 보여주는 동시에 어떻게 하면 트렌드를 좇지 않고 각 공간에 대한 철학을 잘 불어넣을 수 있을지에 대한 고민과 해답을 담았다. 해답은 장마다 공간 사진으로 실었고, 그것에 대한 판단은 읽는 분들의 몫으로 남겨두었다.

　사람이 사라지지 않는 한 공간은 사라지지 않을 것이다. 어릴 적 이불로 만들었던 아늑한 요새부터 지우고 싶은 역사 속 식민지 공간 그리고 사람들의 마음을 훔치는 화려한 명품공간까지, 공간의 의미는 참으로 다양하고 대단하다. 이 책을 통해 누구나 마음에 담아두고 싶은 공간이 생기길 바라며 〈종킴디자인스튜디오〉의 기록이자 앞으로 펼쳐질 공간디자인 분야에 작은 밑거름이 되기를 감히 기대해본다.

그렇게 공간이 나에게 왔다

#1

어린 시절, 부모님 특히 어머니의 '치맛바람'은 여느 집보다 셌다. 태어나기 전부터 대기를 해야 들어갈 수 있는 고급 사립 유치원을 시작으로 명문 초등학교까지 연달아 입학시키셨고 기본 과목은 물론 웅변, 축구, 농구, 스노보드, 수상스키, 쇼트트랙, 서예 등 각종 과외를 끊임없이 받도록 하셨다. 정신없이 어머니의 설계(?)대로 배우기에 열중했던 나는 '으레 다들 이렇게 사는 것인가?' 하고 아무 생각 없이 받아들이기만 했는데 나이를 한두 살 더 먹고 첼로 과외 9년, 피아노 과외 12년까지 하고 나니 '전공자도 아닌데 왜 이렇게 열심히 배워야 하지?'라는 생각이 문득 들기 시작했다. 하지만 그 어떤 반항도 하지 않았다. 그 이유는 그저 내가 인생을 더 다

9

양하고 재미있게 살길 바란다는 어머니의 한마디 때문이었다. 가정형편에 비해 과한 투자였지만 부모님도 나도 행복한 시절이었다. 하지만 이런 순수한 투자에는 다른 바람도 포함되어 있다는 걸 얼마 지나지 않아 알게 되었다. 부모님의 뜻대로 다양하게 공부를 하다 보니 성적도 곧잘 나왔고, 군말 없이 잘 따르는 나의 모습에 부모님은 자연스레 내가 법조인이 되길 바라셨던 것이다. 그러나 야속하게도 내가 가진 재능의 싹은 다른 곳에서 발견되었다. 나는 특히 미술을 잘하는 아이였다. 좋아하니 열심히 했고, 재능도 인정받아 상도 여러 번 탔다. 그러면서 가슴 한구석에 '어른이 된다면 미술 관련 일을 해야겠다'는 생각을 품게 되었다. 하지만 어떻게 아셨는지 그때부터 어머니가 미술 과외를 끊어버리셨다(어머니는 정말 여러 의미로 대단하신 분이다).

중학교 3학년 때인가, "종완아, 너 대학교 전공은 뭐로 할 거니?"라고 물으시기에 난 당당하게 "K대 실내건축과를 가고 싶어요"라고 말씀드렸다. 부모님의 반응을 예상하지 못한 건 아니었지만 생각보다 충격이 크셨는지 더 이상 대화를 잇지 않으셨다. 사실 이맘때 나는 MBC TV프로그램 〈러브하우스〉에 심취해 있었다. 다소 실없어 보이겠지만 새집을 선물 받고 기쁨의 눈물을 흘리는 어느 가족과, 촉박한 시간 내에 그들을 위해 아늑하고 멋진 공간을 탄생시킨 건축가의 뿌듯한 표정은 열다섯 살 소년의 마음을 훔치기에 충

분했다. 더할 나위 없이 벅차올랐고 그때부터 '공간'이 누군가에게 희망이 되고, 행복이 된다는 사실에 꿈은 더 선명해졌다. 나는 꽤 추진력이 좋은 소년이었다. 얼마 안 가 프랑스 유학을 결심했고, 당연히 아버지는 반대하셨다. 아버지를 설득하기 위해 1년 동안 유학 일정과 앞으로 인생계획에 대한 내용을 편지로 썼지만 늦은 나이에 얻은 아들이 성년이 되기도 전에 외국으로 가겠다는 말이 설득력 있게 들릴 리 만무했다. 아버지는 그저 함께 살을 부대끼며 평범하게 같이 살길 바라셨다.

유로가 처음 들어오던 날, 신문 1면에 내 모습이 실렸다. 나는 한국에서 처음으로 유로로 환전한 사람이었다. 2002년 1월 5일, 큰아버지와 어머니의 도움으로 비행기를 탈 수 있었는데 아버지는 그때까지도 내가 떠나는 걸 모르고 계셨다. 거의 가출이나 다름없었던 유학길, 설레고 기뻤던 기분은 오래가지 않았고 비행기를 타자마자 알 수 없는 눈물이 터져 나왔다. 이륙 전 자리에 앉아 어쩌면 꽤 오랫동안 보지 못할 창밖의 풍경을 바라보고 있자니 만감이 교차했다.

사랑하는 아빠. 엄마..

이 가족의 아들은..
  언제나 그렇듯 혼자 공부를 마치러 France에 갑니다..

사실 집안 사정도 좋지 않고.. 사랑하는 동생에게도 미안하여..
  마음이 편하지는 않지만..
  아빠, 엄마가 더 힘들고.. 지친거 알고 있습니다.

너무 잘 자라 않고 부족했지도 모르지만 제가.. 앞으로는 이런 자격있는 가족에게
짐이 지지않도록 항상 노력하고.. 최선을 다하겠습니다..

  아빠.. 건강하게.. 다시 밝게 지냈으면 좋겠습니다.
    엄마. 아빠 모두.. 희망이 다시 생겨서..

  그냥 예전 처럼.. 아는 누구보다 행복한 가족이 되길..
                    항상 노력할께요..

  아빠도.. 힘내서.. 건강하게.. 지내시길 바라고..
    너무 너무 너무 사랑해서... 죄송해요..

        멋진 아들이 될께요 꼭...
        멋진 오빠가 될께.....

          아들. 공항가기전...

12

잘가거라
내아들아 !
많이 사랑한다,
그리고 여러가지로
미안하구나.

　　　　아빠가

#2

　장장 13시간을 걸려 도착한 프랑스의 첫인상은 얼떨떨했다. 샹송은 들리지 않았고, 나는 투명인간 같았다. '봉주르' 한 마디도 쓸 줄 몰랐던 나는 우선 어학원에 등록했다. 후회나 그리움으로 뒤를 돌아볼 틈도 없이 프랑스에서의 생활이 그렇게 시작됐다. 음식도, 사람들도, 거리도 열여섯 살의 소년에게 꽤 벅찬 것이었다. 6개월 과정의 어학수업은 너무 힘들었다. 현지 적응을 하기에도 턱없이 부족한 시간인데 나를 가장 괴롭히는 건 부담감이었다. 어렵게 왔으니 제대로 해야 한다는 마음의 압박과 포기하고 돌아가면 아무것도 안 된다는 불안감이 매 순간 나를 조여왔고, 한국의 대입 검정고시 준비도 같이 해야 했기에 매일 밤을 새우기 일쑤였다. 체중이 12kg나 줄었고, 그 와중에 프랑스로 온 지 6개월 만에 한국으로 돌아가 검정고시를 봤다. 결과는 합격이었다. 하지만 합격의 기쁨을 누릴 틈도 없이 바로 다시 프랑스로 돌아와 예비학교Ecole prêparatoire에 다녔다. 프랑스에 와서 지원하려고 한 파리의 '에꼴 까몽도Ecole Camondo Paris'는 사립이긴 하지만 그랑제꼴*이기 때문에 대학교 준

• 그랑제꼴(Grandes Ecoles) 고급 전문기술인 양성 교육기관으로 엄격한 선발과정을 거쳐 소수 정예의 신입생을 선발하고 각 분야에서 최고 수준의 교육을 통해 프랑스 사회의 엘리트를 양성하는 기관

비과정을 1년 이상 다녀야 했다. 준비학교를 다니면서 그동안 놓쳤던 파리의 여러 가지 모습을 만나게 되었다. 차츰 그들 풍경의 일부가 되어가며 일주일에 두 번, 저렴한 가격으로 파리시에서 시민들을 위해 여는 미술교육을 들었다. 수업이 끝나면 밤에는 어학수업을 들었다. a, b, c, d를 배우는 수준이었지만 프랑스 국립 미테랑 도서관에 들어설 때마다 느껴지는 웅장함과 학구열 가득한 분위기에 가슴이 벅찼다. 제대로 된 입시미술을 프랑스에서 배운다는 것이 정말 다행이라는 생각이 들었다. 루브르나 오르세 미술관에 가서 고대 조각상을 보며 크로키를 그리던 것은 가장 큰 행운이었다.

준비학교인 Atelier de Sévres에 들어가려면 미술사 시험을 쳐야 했는데 덕분에 《곰브리치 서양미술사》*로 프랑스어를 공부했다. 시험에 대비하는 가장 빠른 방법은 책을 통째로 다 외워버리는 것이었다. 그렇게 흐트러짐 없이 책을 삼켜 프랑스국립건축학교와 에꼴 까몽도, 두 군데 시험을 봤다. 그때까지도 건축을 할지, 실내 건축을 할지 고민 중이었는데 마침 건축학교가 입학 시기가 한 달 빨라 프랑스국립건축학교를 먼저 다녀볼 수 있었다. 하지만 내가 다

• 《곰브리치 서양미술사》 선사시대 동굴벽화부터 오늘날의 실험적 예술에 이르기까지 모든 주제를 다룬 입문서로 이제 막 미술이라는 세계에 발을 들여놓은 신참자에게 세부적인 것에 휘말려 혼돈됨이 없이 서양미술의 윤곽을 볼 수 있도록 안내하는 서양미술사 필독서

니기엔 스케일이 크다는 생각이 들었다. 에꼴 까몽도의 입학시험은 필기와 실기로 나누어 진행되는데 실기는 주어진 그림을 보고 느껴지는 생각을 조형물로 표현하는 것이었다. 정해져 있는 작은 박스에 원하는 공간을 생각대로 표현해보는 것이었는데 내게 주어진 주제는 르네 마그리트의 그림이었다. 긴 길이 선처럼 이어지는 그림을 보고 내가 지금 어디에 있고, 어디로 가야 하는지에 대한 내용을 8개월 동안 준비학교에서 배운 걸 바탕으로 나 자신의 길에 관한 공간을 만들어 냈다. 문제는 이 실기작업을 철학적으로 풀어야 하는 필기시험이었다. 면접 때는 말이 서투니 예상 질문에 대한 답변을 그냥 외워 시험에 임했는데 글로 풀어내는 건 달랐다.

앳된 이방인은 솔직하게 정면 돌파하는 방법을 택했다. 면접관에게 솔직하게 얘기했다. 아직 프랑스어가 서툴러 글로 표현하기가 많이 부족하다고, 기회를 준다면 어학도 열심히 공부하겠다고. 좋은 결과를 기대하기란 말도 안 되는 상황이었다. '다음 기회에 다시 도전해야겠다'고 생각하고 있는데 입학자 명단에 내 이름 석 자가 있었다. 당시 그 면접관이 나의 어떤 면을 발견했는지 아직도 알지 못한다. 하지만 분명한 것은 내 인생에 가장 선명한 행운이었다는 것이다. 그가 나를 믿어준 덕에 그때부터 프랑스 유학이라는 공식적인 명분이 생겼다. 이를 계기로 아버지도 나의 계획을 인정하시고 응원과 지원을 적극적으로 해주셨다. 입학 전 한국에 들어와 전문적인 미술용품을 사고 학교에 갈 준비를 하는데 마음이 설렜다. 가족들의 지지와 작은 성과 앞에 더욱 힘을 낼 수 있었고 앞으로 유학생활을 하면서 맞닥뜨리게 될 어려움은 모두 노력으로 해결할 수 있으리라고 확신하게 됐다.

#3

학교생활은 기대처럼 즐거웠다. 정말 훌륭한 커리큘럼의 수업을 받으며 건축학도로서 내실을 다지는 일은 흥미로웠고 프랑스 친구들을 사귀고 거리를 걷는 일조차 즐거웠다. 지금은 아시아에서 온

유학생들이 많지만 당시엔 한국인을 비롯한 아시아인이 많지 않았
다. 그렇다 보니 친구들은 내게 호기심을 보였고 고맙게도 다방면
으로 많은 도움을 주곤 했다. 1학년 때까지도 저녁 어학수업을 계
속 들어야 했는데 인테리어와 제품디자인 복수전공까지 겸하다 보
니 매일 밤을 새웠다. 몸은 고되고 졸음과 싸워야 했지만 좋아하는
일에 몰두하는 그 시간이 즐거웠다. 나는 교수님이 시키는 대로 열
심히 하는 모범생이었다. 특출한 친구들은 개성을 표현한다고 다양
한 시도를 했던 반면 나는 배운 걸 정석대로 표현하는 스타일이었
다. 그 덕분에 1학년 2학기 때 성적이 확 올랐고 그 성적을 유지하
기 위해 엄청난 노력을 했다. 여름방학 때는 노는 시간이 아까워 한
국에 들어와 건축 회사 인턴으로 근무하고 이른 아침에는 컴퓨터
그래픽 학원을 다녔다. 인스턴트커피를 찬물에 타 마시며 빈틈없이
살았다. 그도 그럴 것이 성적이 좋지 않으면 정학을 당하고, 유학생
에게 거는 기대와 기회는 그다지 넉넉하지 않았기 때문이다. 기초
적인 것부터 매 수업에서 얻을 수 있는 모든 지식을 차곡차곡 쌓아
서 내 것으로 만들려고 노력했다.

　정신없이 지내다 학사 졸업반이 되자 군대에 대한 걱정이 밀려
왔다. 보통 유학생들은 입대를 미루고 석사까지 마친 다음 한국으
로 돌아가 직장을 잡는 경우가 많았다. 하지만 나는 졸업 후 바로
한국에서 일을 시작하고 싶지 않았다. 학교에 양해를 구해 학사 졸

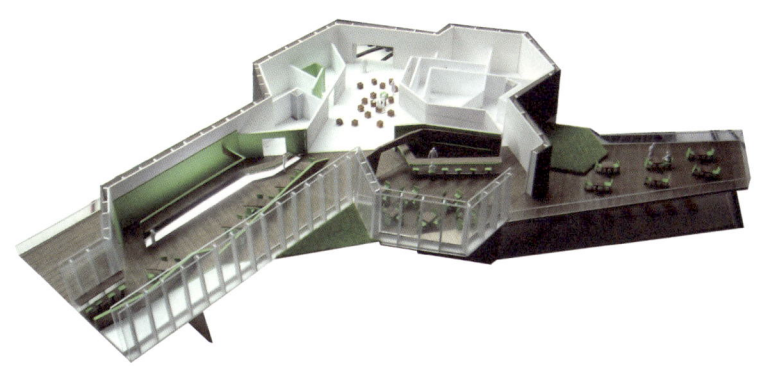

휴게실 리노베이션 콩쿠르 출품작

업 후 바로 입대하기로 했다. 학교에서는 이례적으로 학생의 사정을 봐주었고 그렇게 마지막 학사 졸업작품을 준비하게 됐다. 졸업작품은 프랑스 고속도로 휴게청SANEF이 주최한 '휴게실 리노베이션 콩쿠르'에 출품하는 것이었다. 내가 디자인한 것은 고속도로의 상하행선을 연결하는 휴게소였는데 도로의 연장선을 한눈에 볼 수 있는 전망대를 도로 한복판의 상단에 설치하여 주변의 경치나 자연경관보다 더 특별하고 이색적인 풍경을 만날 수 있게 했다. 이런 나의 의도는 적중했고, 대회에서 1등을 했다. 학교에서 배려해준 것에 보답할 수 있어서 다행이었다.

학사 졸업 후 한국에 들어와 2주 만에 군에 입대했다. 2년이라는 군생활도 그냥 보낼 수 없어 최대한 시간을 쪼개 썼다. 프랑스어를 더 이상 사용하지 못하는 상황에 놓이다 보니 잊어버리지 않기 위해 억지로라도 프랑스에 있는 친구들과 교수님에게 편지를 썼고, 한국 생활 이야기를 들려주기도 했다. 친구들은 나의 편지를 기다렸고, 때로는 학교 게시판에 내 편지를 붙여두기도 했다. 또 프랑스로부터 전공도서와 다양한 문학책을 받아 계속 읽어나갔고 졸업작품을 어떻게 만들지, 졸업논문을 어떻게 쓸지 고민했다. 군생활이 거의 끝나갈 무렵, 감을 잡기 위해 인턴으로 일했던 건축 사무소에 미리 연락해 일을 하고 싶다고 말씀드렸다. 제대 후 바로 사무소에 들어가 한 달 반 동안 아르바이트를 했다. 나름 사회 적응을 위한 워밍업이었다. 동 대학원에 진학해 공부를 하면서 특히 부모님에 대한 생각을 많이 했다. 믿어주시고, 여기까지 올 수 있도록 지원해주신 두 분에게 더 이상 부담을 드리면 안된다는 생각이 들었다. 그 시간 이후로 혼자 헤쳐나가는 생활이 시작되었다. 주말과 야간 시간을 이용해 파리에 있는 한국인들을 대상으로 입시미술 과외를 하거나 잡지사와 한국 패션 브랜드의 통신원 일을 하면서 천천히 독립을 준비했다. 이때는 샤이요 궁에 있는 건축도서관에 연간 회원권을 끊고 다녔는데 앉아있으면 에펠탑이 한눈에 보였다. 건축과 학생들이 즐비했던 이곳은 예전 궁을 리노베이션 한 도서관으로, 프랑스의 헤리티지를 느낄 수 있는 소중한 장소였다.

#4

석사과정에 복학하자마자 디자인 콩쿠르가 열렸는데, 명품 브랜드 〈에르메스Hermés〉의 크리스털 브랜드 〈생 루이Saint-Louis〉의 공장지대에 관광 안내소를 디자인하는 대회였다. 공장부지와 이어진 산중턱에 건물을 올려 공장지대를 바라볼 수 있는 전망대를 만들었다. 당시 3등 안에 들면 〈에르메스〉에서 인턴을 할 수 있는 기회가 주어졌고, 독보적인 명품 브랜드인 만큼 타 브랜드 인턴보다 조건도 좋았다. 나는 2등을 했다. 그 덕에 〈생 루이〉에서 크리스털 만드는 체험을 비롯해 공장에서 전시도 하고 전 직원들 앞에서 내 프로젝트에 대한 발표도 할 수 있었다. 경험들은 너무 소중했지만 브랜드에서 인턴을 하면 '너무 브랜드 사람이 되는 게 아닐까', '디자인을 하려고 하는 내 생각과 다른 길이 아닐까' 하는 우려 때문에 〈에르메스〉의 인턴 제안을 거절했다. 전혀 아쉽지 않았고, 석사 1년 과정 후 디자이너 패트릭 주앙Patrick Jouin 스튜디오에 지원했다. 내가 가장 좋아하는 디자이너였고, 당시 퐁피두 미술관에서 열린 그의 전시를 보고 무조건 여기서 일해야겠다고 다짐했기 때문이다. 그런데 전화로 약속을 잡으면 안 될 것 같아 무작정 포트폴리오를 출력해 스튜디오를 찾아갔다. 왜 이 스튜디오에 내가 필요한지, 어떤 것을 펼쳐보고 싶은지에 대해 인터뷰했고 여름방학 시작과 동시에 인턴 생활을 시작할 수 있었다.

Hermés/Saint-Louis 관광 안내소 모형

나의 사수, 엘로디와 함께

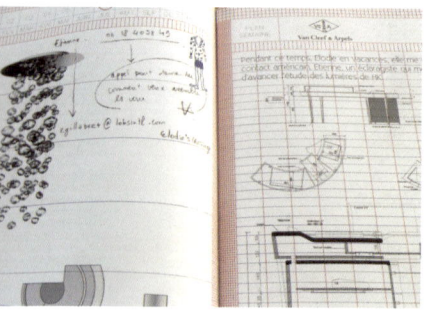

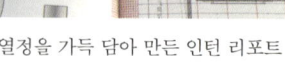

열정을 가득 담아 만든 인턴 리포트

#5

후에 들었지만 나를 뽑자고 한 사람은 엘로디Elodie였다. 그녀는 내 사수였고, 가장 클래식한 프랑스인의 정석을 보여주는 사람이었다. 인턴으로 근무하면서 처음 맡은 일은 프랑스 하이엔드 주얼리 브랜드 〈반클리프 앤 아펠〉의 공간을 함께 구상하는 일이었다. 나는 인턴이지만 그림이나 컴퓨터 그래픽을 제법 다루었기 때문에 일을 빠르고 능숙하게 진행할 수 있었고 밤 11시, 12시에 퇴근할 정도로 열심히 했다. 너무 몰두하는 모습에 오히려 사장님이 제발 집에 들어가라고 할 정도였다. 그 덕분에 보안시스템 키는 자연스럽게 내 몫이 되었다. 일을 하면서 가장 놀랐던 점은 나 역시도 일할 때는 영락없는 한국 사람이라는 것이었다. 해야겠다고 마음을 먹으면 몸이 부서져라 열심히 했고, 나에게 일을 가르쳐주고 나의 방패가 되어주는 사수가 실망하지 않도록 노력하면서 싹싹하게 후배로서의 도리를 다했다. 그 결과, 일도 사람도 얻을 수 있었다. 그렇게 인턴으로 일하는 4개월 동안 여기서 경험한 모든 것을 하나도 빼놓지 않고 리포트를 썼다. 얇은 다이어리 같은 모양의 정성스러운 포트폴리오였다.

그렇게 인턴 생활을 마무리하는데 〈반클리프 앤 아펠〉의 관계자가 "종킴을 꼭 데리고 있어야 한다"고 사장님께 신신당부를 했고,

사수인 엘로디도 "종킴 없으면 일 못한다"고 으름장을 났다. 대학원 마지막 학기, 수업이 일주일에 두 번 있었는데 학교에 가지 않는 3일은 일을 하고 싶다고 했더니 안 될 이유가 뭐가 있겠느냐며 바로 승낙해주었다. 그렇게 학교를 다니며 인턴으로 일을 하게 되었고 생활이 안정되는 동시에 완벽한 독립이 시작되었다. 당시 학기를 다니는 학생 중 회사가 있는 사람은 나밖에 없었다. 나는 엄청나게 자랑을 하고 다녔다. 회사 홈페이지에 얼굴이 올라가고 명함이 나왔다는 게 너무 기뻤다. 학교 내에서도 '패트릭 주앙'이라는 스타 디자이너의 회사를 다니며 학교를 병행하는 전례가 없어 졸업 전부터 "어떻게 거기에 입사했냐?"고 물어오는 등 나름 유명인사가 되었다. 계약직으로 1년을 다니는데 정규직 전환 결정이 났다. 졸업 전에 난 결정이었다. 하지만 나의 계획은 하나 더 있었다. 바로 대학원 졸업 전시에서 수석졸업을 하는 것. 수석졸업이 아니면 졸업이 아니라고 생각했을 만큼 학교와 회사 일을 정말 바쁘게 병행하던 때였다.

그런데 비자 문제가 복병이었다. 학생 비자가 끝나고 정규직으로 회사에 들어가려면 워킹 비자로 변환신청을 해야 했지만 프랑스에서도 실업 문제가 심각하다 보니 외국인을 정규직으로 채용하는 것을 이민국에서 거절한 것이다. 정부를 상대로 소송을 해야 했고, 회사에서는 나를 고용하기 위해 소송비용, 변호사 선임비용 등

복수전공을 했기에 졸업작품도 공간과 제품, 두 가지 작업물을 제출했다. 그중 건축 공간은 옛것을 지키며 지속발전이 가능한 문화 복합공간을 디자인하는 것이었다. 파리 북쪽지역에 버려진 전기 공급 공장에 새로운 프로그램을 꾸려 문화로 원동력 을 불어넣는 것이 목적이었다. 회사에서 배운 스킬과 더불어 학생이라는 신분을 단 마지막 작업으로 꽤 즐겁게 작업에 임했고 왜 버려졌는지, 앞으로 파리 시에서는 어 떤 계획이 있는지, 직접 돌아다니고 공부하면서 뜻깊은 설계를 하기 위해 노력했다.

당시 리퍼블릭 광장에서는 모든 자동차 도로를 폐쇄하고 시민을 위해 녹색 광장을 만드는 프로젝트가 진행 중이었는데, 공간과 제품을 복수전공하는 학생으로서 이 프로젝트에 관심이 많았다. 면밀히 분석한 결과 광장에 정작 앉아서 쉴 수 있는 곳이 부족하다는 판단이 들어 이것을 주제로 제품디자인 작업을 시작했다. 역시 파리답게 오랫동안 광장에 서있는 나무의 배치는 그대로 유지하면서 나무와 벤치를 엮어 광장의 미관을 해치지 않도록 디자인해야 했다.

수석졸업을 안겨 준 공간과 제품 작업물

을 부담해주었다. 나를 믿어주는 회사와 목표를 위해 수석으로 졸업을 했고, 소송에서도 이겨 정규직으로 회사를 다니게 되었다. 수석졸업이란 발표가 나자마자 부모님께 전화해 펑펑 울었다. 그동안의 고생과 서러움, 그리움이 뒤섞인 눈물이었다. 지난 시간들이 주마등처럼 지나갔다. 어머니는 내가 프랑스로 떠난 후 처음으로 "수고했다"고 격려해주셨고, 난 다음 날 바로 탈진해서 병원에 한 달가량 요양을 했다.

#6

정부를 상대로 소송까지 하며 어렵게 들어간 패트릭 주앙에서 일하던 어느 날, 사장님이 이제 엘로디 밑이 아니라 단독 프로젝트를 진행해보는 것이 어떻겠느냐며 신발 브랜드 〈레페토〉의 일을 맡겨주었다. 처음으로 팀장을 맡아 내 팀을 꾸리게 된 것이다. 발레 슈즈를 모티프로 발전한 브랜드였던지라 주변 친구들과 여자 동료들에게 신발에 대해 물어보기도 하고 직접 모형을 만들어가며 열심히 했다. 그러다 엘로디가 다른 회사로 이직을 하게 되면서 디렉터 자리를 맡게 되었다. 〈반클리프 앤 아펠〉의 프로젝트를 총괄하는 자리였다. 엘로디가 떠나는 것이 너무 서운했다. 그녀는 내가 아플 때 집 앞에 약을 갖다 줄 정도로 친절한 사람이었고 매일 같이

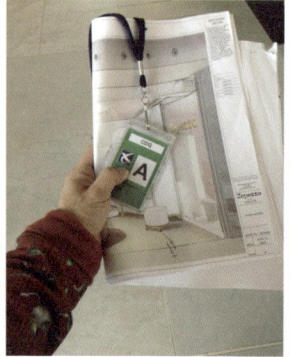

지금의 나를 만든 시간들

야근하며 정이 든 가장 친한 친구였다. 그녀를 대신해 내가 바로 이어받은 업무는 〈반 클리프 앤 아펠〉의 마이애미, 긴자, 파리, 뉴욕 등 굵직한 플래그십 스토어와 프랑스 파리 상제르망 축구장 프로젝트를 디렉팅 하는 것이었다. 이런 자리에 앉아도 되는 걸까 고민이 되었고 부담스러웠다. 하지만 나를 믿고 선택한 회사에 능력으로 보답을 해야 했고, 믿어준 사장님을 실망시키고 싶지 않아 다시 자세를 가다듬었다.

#7

파리에서는 내내 나씨옹Nation이라는 동네에 살았다. 마레 지구에서 가까운 곳이었는데 한국인들도 별로 없고 특출한 매력도 없는 평범한 동네였다. 이곳엔 일명 보보족Bourgeois Bohemian이 많이 살았다. 그들은 좋은 음식을 먹고 문화예술로 삶을 즐기는, 겉옷보단 속옷을 중요시 하는 일종의 '욜로YOLO족'과 어느 부분 비슷한 사람들이었다. 나 역시도 그런 삶을 지향해 매일 열리는 전통시장 마르쉐 알리그레Marche d' Alige에서 신선한 재료로 장을 보고 꽃을 사 와서 항상 집에 꽂아두곤 했다. 치프가 되고 나서 그동안 열심히 살아온 나 자신에게 큰 선물을 했다. 그건 바로, 60년대 빈티지 베스파. 그걸 타고 파리를 누비는 시간은 정말 잊지 못할 정도로 행복했다. 축구장 공사현장에 갈 때도 베스파와 함께했는데 바람을 맞으며 센 강을 따라 달릴 때는 행복해서 소름이 돋기도 했다. 같은 회사에서 가구디자인을 하던 앤디와 '앤디 앤 종Andy & Jong'이라는 별도의 프리랜서 회사를 만들어 프로필 사진도 따로 찍고 조금은 다른 결의 작업을 했다. 〈마제스틱〉이라는 패션 브랜드 백화점 스토어로 시작해서 가구 브랜드 콩쿠르도 나가고 이런저런 재미있는 일을 했다. 많은 일을 벌려놔서 감당할 수 없는 느낌이 들기도 했지만, 그렇게 하지 않으면 뒤처진다는 생각이 많이 들었기 때문에 시간을 아끼기 위해 베스파 위에 커피 잔을 놓고 마시기도 했다. 주말에 시간이 생기면 재래시장에서 장을 봐 와 친구들과 음식을 만들어 먹으며 휴식을 취했다. 파리에 있는 동안 가장 좋았던 건 "괜찮아. 내겐 에펠이 있으니까"라는 영화대사를 떠올리며 에펠탑을 바라보던 순간이었다. 가끔 친구들과 함께 소소한 로컬 식당을 찾아다니며 전시와 콘서트도 보고 국회의사당, 엘리제 궁, 뮤제 드 라 뉘라는 자정까지 미술관을 여는 행사 등 다양한 문화행사를 챙기며 지냈다. 도시가 주는 수많은 이야기를 수집하듯 따라다니며 정신없이 프랑스를 즐겼던 것 같다.

어느 날 사장님이 오시더니, "너는 한 가지 악기를 연주하는 사람이 아니라 모든 악기를 지휘하는 사람이다"라고 말씀하셨다. 프

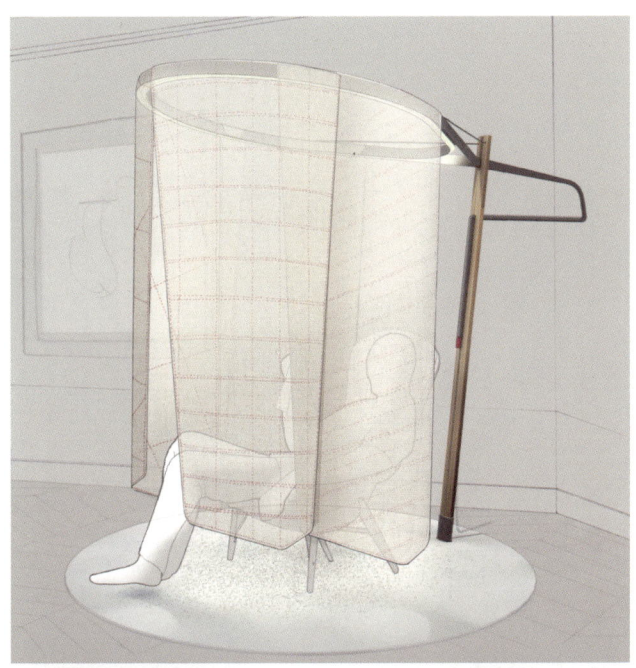

재미있는 작업은 함께, 나와 앤디

로젝트의 모든 일을 직접 마무리하고 출장 가는 비행기에서까지 일하는 모습을 보고 한 말씀이었다. 내가 출장을 가면 아랫사람이 할 수 있는 게 아무것도 없다며 하던 일은 놔두고 새로운 프로젝트를 해보라고 맡겨주셨다. 팀원이 충원되고 동시에 일곱 개의 프로젝트를 진행했다. 프로젝트마다 표를 만들어 어떻게 팀을 꾸리고 진행해야 할지 계획을 세웠다. 그땐 일터와 집만 오갔다. 경주마처럼 달려가는 나의 모습을 보고 주변에서는 "종킴, 이제 완전히 적응했구나"라며 어깨를 두드리고 지나갔다. 하지만 그즈음 한국에서 여름휴가를 마치고 파리로 돌아가는데 아버지가 여권에 끼워두신 편지 문구가 마음을 흔들고 말았다.

"종완아, 언제쯤 옛이야기 하면서 함께 모여 살지?"

비행기에서 이 문장을 보곤 '내가 너무 나만 보고 산 게 아닐까?' 하는 생각이 문득 들었다. 늘그막에 아들을 얻으신 아버지 연세를 생각하니 디자이너로서의 삶보다는 나를 한평생 응원해주신 부모님과 한번쯤 시간을 보내야겠다는 생각이 내 마음을 파고들었다. 진행 중이던 상제르망 축구장이 오픈하는 시기에 맞춰 한국으로 돌아가야겠다는 계획을 세웠다. 한국으로 갈 준비를 하며 패트릭 주앙 사장님께도 말씀을 드렸다. 내게 일을 더 주려고 하실 때였는데 내가 퇴사 이야기를 꺼내니 표정이 굳으셨다. 그럴 수밖에 없는 나의 상황을 말씀드렸고 그는 나의 선택을 흔쾌히 받아들이고 응

언제 쯤 옛 이야기 하면서 함께 모여 살지
아버바 나이가 너무 많구나.
그때까지 살아 있을지
너는 이 아버바의 희망이며 즐거움이니까
보고 싶다. 우리 파이팅 하자
7/23 아버바가.

39

원해주었다. "만약 가서 힘들면 언제든 돌아와라." 그 말이 참 힘이
되었다. 축구장의 마지막 층에 위치한 VVIP lounge 오픈과 동시
에 정이 많이 들었던 회사에서 송별회를 하고 한국으로 돌아왔다.
13년 만이었다.

#8
서울에서 그리는 새로운 삶

프랑스에서 프로젝트를 마무리하는 중에 삼성전자 무선 사업부
에서 연락이 왔다. 여러 곳에서 연락이 왔지만 부모님께서 가장 자
랑스러워하실 곳에 가고 싶었다. 한국에 들어오는 이유는 나의 커
리어보단 부모님께 맞춰져 있었으니까. 삼성전자 무선 사업부의 글
로벌 리테일 마케팅부서에서 시니어 디자이너로 일하게 되었다. 이
주비용과 거주지 등 많은 부분을 지원해준 덕분에 수월하게 정착
할 수 있었다. 해외에 세울 삼성 갤럭시 스토어의 가이드라인을 만
드는 인 하우스 디자이너였는데, 2년을 계약했지만 1년 만에 프로
젝트를 마무리 했다.

하지만 업무를 진행하는 동안 이 일이 과연 나에게 맞는지 계속
의문이 들었고 그러던 중 전 직장에서 맡았던 〈반클리프 앤 아펠〉

긴자 플래그십 스토어 오프닝이 있어 참석하게 되었다. 그곳에서 패트릭 주앙 사장님을 1년 만에 만났고 고민을 털어놓았다. 그는 나에게 "언제든지 돌아와라. 근데 네가 지금 하고 싶은 건 네 프로젝트, 너만의 그림을 그리고 싶은 것 같은데 프랑스에 돌아오면 네 꿈을 이루는 데 시간이 오래 걸리고 어쩌면 못할 수도 있다"라고 조언해주었다. 해보고 안 되면 그때 돌아와도 받아주겠다는 말과 함께. 그 만남 이후 바로 퇴사 준비를 했다. 1년 동안의 과업을 인정받고 있었지만 지금까지 프랑스에서 노력한 시간들이 무색해지는 것 같았기 때문이다. 한국에 정착하기 위해 지원받은 계약금, 이주 비용, 비행기 값 등 모든 걸 돌려주고 회사를 나왔다. 열여섯, 유학을 떠날 때처럼 복잡한 심경이었지만 그때보다 목표가 더욱 선명해진 느낌이었다. 모든 것을 정리하고 2016년 7월 〈종킴디자인스튜디오〉를 열었다. 한남동에 작은 방을 얻어 시작한 작업실에 팀원을 늘리고 새로운 사무실로 이전하기까지 2년이 걸렸다. 여기까지 오기 위해 정말 많은 노력과 시간을 쏟아부었다. 이 모든 과정을 기록해두었다. 작은 결정 하나도 허투루 내린 것이 없다. 유학시절부터 지금까지 모든 일을 노트에 기록했다. 실패하지 않기 위해 프랑스 유학시절부터 꾸준히 미래 계획을 세우는 것이 습관이 된 것이다.

다만 아버지가 돌아가시는 것은 계획에 없던 일이었지만.

아버지와 나

　암 진단을 받으신 아버지의 병세가 급격하게 악화되었다. 서로가 마음의 준비를 할 수 있는 기간이 조금이나마 있었다는 게 다행이란 생각이 들었다. 서로 떨어져 있는 시간 동안의 기록, 그리고 함께했지만 미처 다 나누지 못한 이야기를 담은 이 책을 보신다면 아마 흐뭇한 미소를 지으실 것 같다.

나의 전부, 나의 하늘
아버지께 이 책을 바칩니다.

밀密, PRIVATE : 당신의 특별한 시간을 위해

내밀한 이야기를 나누고 상대의 시선이 되어 공간을 바라보려 할 때 사람을 알아가고 새로운 세상을 발견하게 된다. 한 사람을 위한 공간 혹은 특정 대상을 위한 공간디자인은 보다 세심한 관찰을 필요로 한다. 클라이언트의 취향과 기호, 니즈를 최대한 파악해야 좋은 공간이 탄생한다.

Salon de Cook

Women, Art, and Society

01

음식을 매개로 삶을 공유하는 이들의 공간!
여성과 예술이 만나는 사교의 장. 이들을 이어주는 것은 음식이다.

〈살롱 드 쿡〉의 대표님은 시원시원한 성격의 미인이다. 나와 처음 만났을 때 청담동 피엔폴루스 주거공간에 요리수업을 하는 쿠킹 스튜디오를 만들고 싶어 하셨다. 나로서는 임대공간에서의 작업에 한계를 느끼고 있던 시기였는데 본인 소유의 부동산에 투자를 하려는 클라이언트를 만나게 된 것이다. 〈종킴디자인스튜디오〉가 작업한 베트남 레스토랑에서 식사를 하다가 독특한 마감재와 좋은 소재를 눈여겨보곤 연락을 준 것이라고 했다. 그러나 이미 클라이언트는 한국의 내로라하는 인테리어 분야 선생님들과 작업한 경험이 있던 터였다. 나와 작업하는 것에 대해 부담을 덜어주기 위해 한 달가량 대화하며 공간에 대해 서로 의견을 나눴다.

그녀는 유명 요리 선생님께 요리를 배우고, 사람들을 초대해 음식을 대접하고 소통하는 것을 사랑하는 사람이었다. 본인이 좋아하고 즐거워하는 '요리'를 주제로 일을 하고 싶어 하고 활기찬 에너지로 주변에 좋은 영향을 미치는 사람이었고 난 그런 그녀와 함께 좋은 공간을 만들어보고 싶다는 생각이 들었다.

스튜디오 〈살롱 드 쿡〉

View of open dining _variation A

View of cooking class_variation A

View of cooking class_variation B

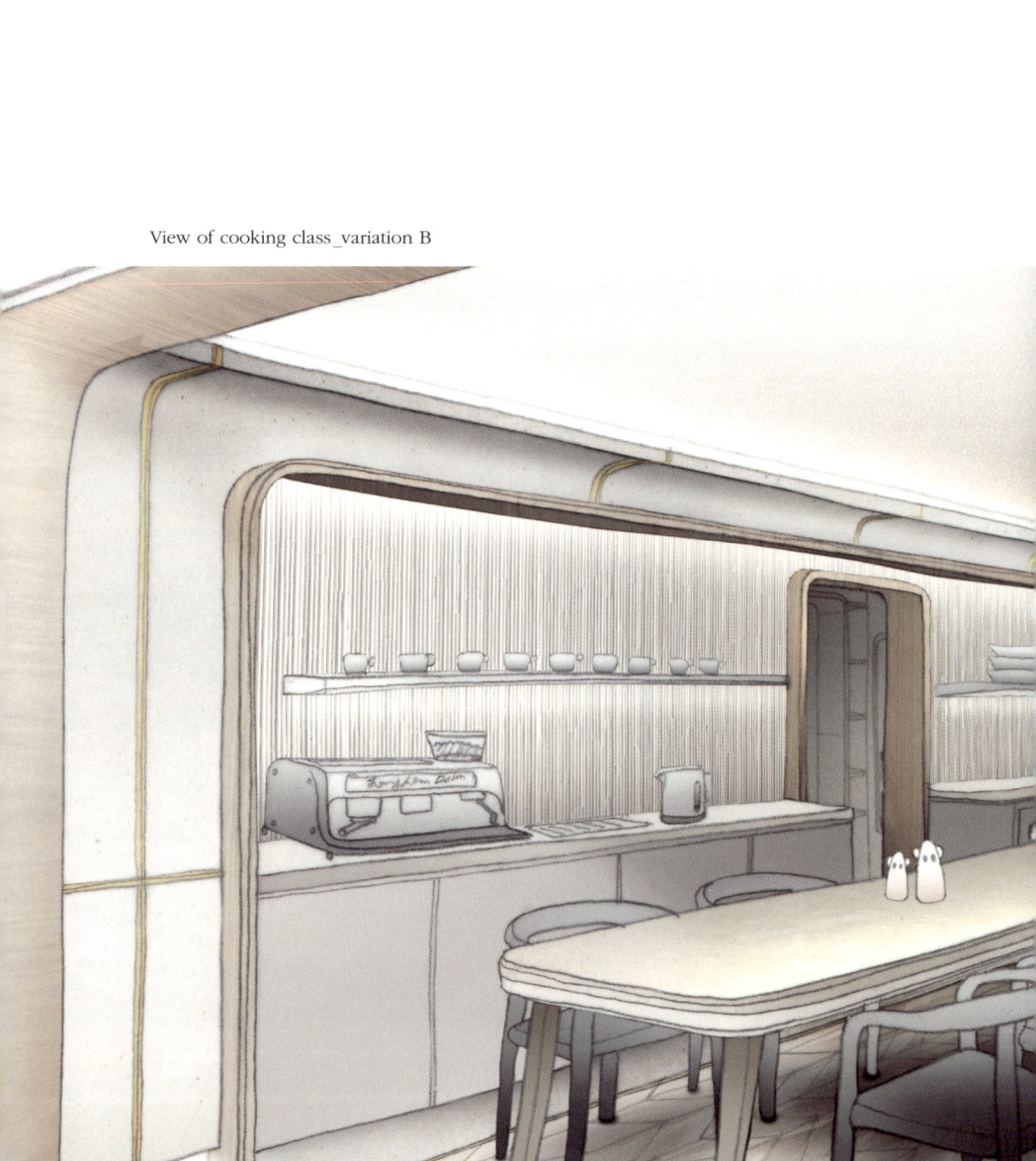

View of semi dining_variation B

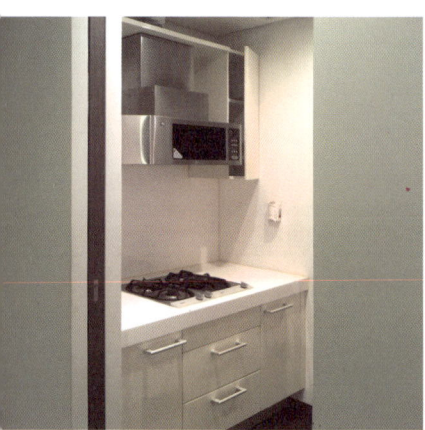

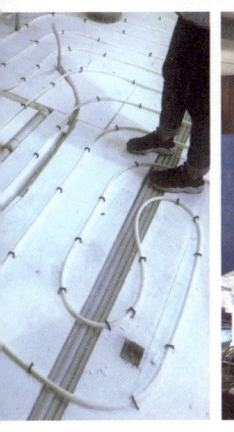

1. 밀密. PRIVATE
당신의 특별한 시간을 위해

디자인 시안을 잡고 미팅을 하는데 남편분이 함께 오셨다. 남편분은 굉장히 명확한 분이었다. "실용적인 것도 좋고, 예쁜 것도 좋은데 두 마리 토끼를 다 잡는 건 불가능하다고 생각해요. 예쁜 걸 더 중요시한다면 실용적인 부분을 어느 정도 포기해야 디자인이 더 예쁘게 나오고, 실용적인 걸 더 중요시한다면 예쁜 걸 좀 포기해야 합니다"라고 말씀하셨다. 그 말에서 인테리어에 대한 연륜이 느껴졌다. 디자인은 A 안으로 결정. 많은 클라이언트가 우리의 기획안이기도 한 손 스케치를 보면 첫 마디가 '와' '오!' 하는 감탄사인데, 이분들은 손 스케치에 익숙지 않으셨는지 긴가민가해 하셨다. 그래서 디자인 안이 결정된 후 차차 디테일 한 부분을 채워 보여드렸더니 만족해하셨다. 그때부터 일사천리로 진행되었다.

불 앞에 모인 시간

"요리를 통해 서로 간의 친밀도를 높이고 영감과 추억을 만들 수 있는 공간을 만들고 싶어요. 문학, 예술, 사람과의 소통이 있는 공간요."

클라이언트가 원하는 모든 걸 아우를 수 있는 아이코닉한 항목이 뭐가 있을까? 고민 끝에 이런저런 선택지가 결정됐지만, 그중이 공간의 가장 중요한 키포인트는 친환경 연료의 벽난로였다. 함

a. Entrace

b. Fireplace

c. Cooking class

d. Semi-private dining

e. private dining

f. private dining

께 요리를 배우고 맛보고 또 그걸 먹으며 소통하는 곳인데 그곳에 불을 가져다 놓으면 많은 의미를 함축할 수 있을 것 같았기 때문이다. 요리를 할 수 있게 하는 가장 기본 요소이자 공간에 온기를 불어넣고 각자의 따뜻한 추억을 불러일으키는 메신저 역할을 하며 시청각적으로 감성을 채워줄 수 있는 확실한 공간의 포인트가 될 거라고 확신했다. 벽을 뚫어 벽난로를 넣었는데, 프레임이 마치 화산을 연상시키듯 완만한 경사가 있고 그 속에서 불이 활활 타오르는 모습을 볼 수 있는 재미있는 구조로 탄생시켰다.

작업의 정석

메인 식사 테이블의 천장 부분에 국내에서 구할 수 없는 로즈골드 금박을 공수해 발랐고, 모든 자재와 가구의 스타일링은 최상급으로 선택했다. 가구는 발렌틴 로엘만이라는 독일 가구 디자이너의 작품을 들여왔다. 조형적인 형태가 하나의 조각품처럼 짜여있는 작품이었는데, 우리가 선택한 테이블이 워낙 크기가 커서 국내에서는 처음으로 다리를 잘라 조립 형태로 들여와야 했다. 냉장고는 독일의 명품 주방 가전 브랜드인 〈가게나우〉의 냉장고로 채웠고 유리장의 내부에는 조직감이 있는 실크 천을 두르고 주방 벽면엔 큰 대

"벽난로 앞에서 익어가는 요리와 추억"

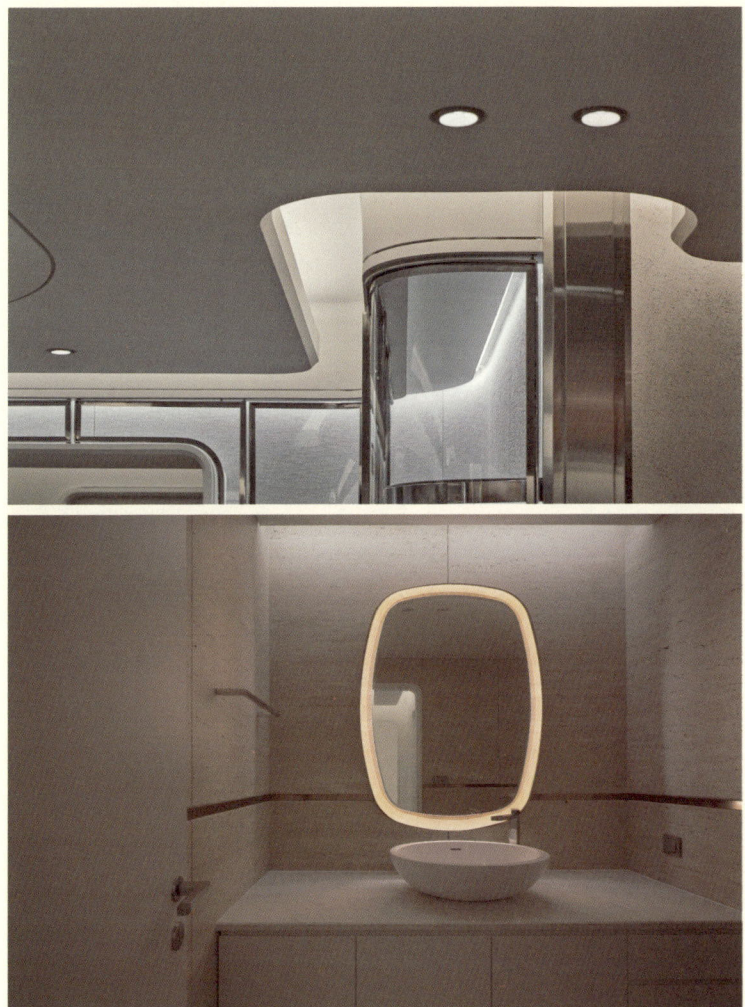

로즈골드 금박 천장

리석 판을 장식적으로 붙였다. 아일랜드형 주방을 중심으로 방을 빙 둘러 유리장이 있는 구조인데 이 장이 공간에 힘을 실어주는 장치이기도 했다. 간접조명도 엣지 있게 들어가는 부분과 둥글고 부드럽게 들어가는 부분을 섬세하게 고민했다. 이곳은 통유리형의 구조라 여름에 굉장히 더웠는데 에어컨을 모두 천장에 덕트형으로 넣어서 얇은 라인에서 바람이 나오게 만들어 디자인을 해치지 않도록 했다.

그렇다고 아름다운 것만 넣은 것은 아니다. 한식을 요리하는 공간이라 김장할 공간이 따로 필요했다. 방 한 칸을 김치를 만들 수 있는 주방 시스템으로 채우고 바닥은 물청소를 할 수 있도록 만들었다. 이토록 화려한 공간 한편에서 정성스레 담가질 김치라니! 공간을 만들면서도 그 맛이 너무 궁금하고 기대가 됐다. 건물 특성상 야간 및 주말 공사가 어렵고, 비싼 자재들이기 때문에 보양작업을 다 해야 하는 등 까다로운 점들도 있었다. 그러나 시간에 구애받지 말고 잘 만들어달라는 클라이언트의 요구가 있었기에 쫓기지 않고 고민해가며 작업할 수 있었다. 여러 가지 변수 때문에 공사기간이 생각보다 오래 걸렸는데, 우리나라에서 이 정도 규모의 공간을 시간을 넉넉히 두고 공사할 수 있는 경우는 흔치 않을 거라 생각한다. 오랜만에 제대로 된 작업을 하는 것 같아 팀원도, 다른 전문가들도 다들 신이 났던 것 같다. 무엇보다 좋았던 건 완벽히 환호해주고 싶은 건 단칼에 "너무 싫어요"라고 표현해줬던 클라이언트였다.

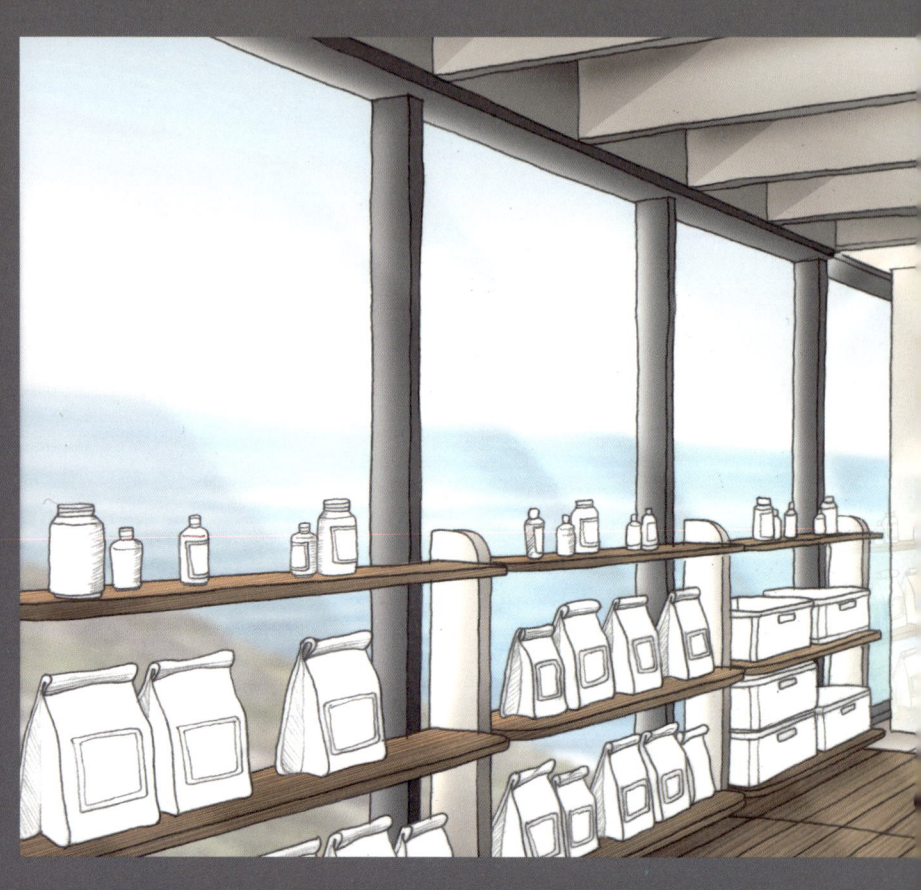

HOWLPOT 강아지 스파

Home away from home

02

반려견에게도 제2의 고향 같은 여행지,
그런 호텔이 필요하다.

우리 디자인 스튜디오가 있는 옆 골목에 반려동물을 위한 브랜드
〈하울팟〉 스토어가 있다. 멋진 골든두들 강아지 '두비(두 대리)'와 젊
은 사장님이 반려동물을 위한 디자인 가구와 액세서리 등을 판매
하는 곳인데 나 역시도 시바견 켄, 밤과 함께 생활하는 입장에서 감
각적이고 따뜻한 이웃의 제품이 꽤 만족스러웠던 참이었다. 주인과
고객으로 만남을 이어왔는데 마침 〈하울팟〉이 부산 아난티 코브 힐
튼 호텔 내에 강아지 호텔과 스파 겸 유치원을 연다고 해서 함께 작
업을 하게 됐다. 스튜디오를 오가며 종종 애견인으로서의 '견생견
사'를 모토로 육아(?) 얘기도 나눈 터라 일을 맡아주면 어떻겠느냐
고 제안을 하셨다.
경상남도 기장의 아름다운 해안을 끼고 자리한 아난티 코브는
기존 힐튼 남해 골프 앤 스파 리조트가 새로 선보인 고급 타운형 리
조트이다. 회원제로 운영되는 그곳에 반려동물을 위한 호텔이 따로
생기는 것인데 여행 갈 때 켄과 밤을 다른 곳에 맡겨야 했던 경험이
있던 나에게도 흥미로운 작업이었다. 반려동물을 키우는 분들이라
면 공감하리라고 믿는다. 반려견과 동반 투숙이 가능한 호텔도 있
지만 같은 객실에서 함께 숙박하는 것은 청결에 문제가 발생할 수

켄 이사와 두 대리

강아지 스파 〈하울팟〉

"내 클라이언트는 개다"

있으니까. 이 공간을 만드는 데 켄과 밤이 나에게 정말 많은 아이디 어를 주었다.

켄과 밤의 시선에서 보다

사장님은 나와 비슷한 점이 많았다. 분야는 다르지만 디자인 업에 종사한다는 점, 삼성전자 출신이라는 점, 반려동물을 키운다는점 그리고 나이까지. 이러한 여러 공통점 때문에 말이 꽤 잘 통했다. 우리는 서로가 만족하는 결과물을 만들어보기로 했다. 우리 팀이 〈하울팟〉을 만들 때 가장 먼저 생각한 것은 "고객이 누구냐"하는 점이었다. 제품을 살 수 있는 쇼룸 공간도 있지만 결국 이곳을 이용하는 주 고객은 반려동물이라는 것. 그래서 그들의 시각에서 공간을 만드는 게 키포인트였다. 사람에겐 천혜의 자연환경을 그대로 느낄 수 있는 탁 트인 풍광이 반려동물에게는 낯설고 위협적으로 다가올 수 있고, 낯선 사람들이 북적이면 스트레스를 받을 수 있는 점에 주의를 기울였다. 그래서 아늑한 느낌을 받을 수 있게끔 창이 위로 올라가도록 공간을 배치했다.

고향은 아니지만 고향처럼 느낄 수 있도록 하는 게 목적이었다. 여행지에서 보통 이국적인 새로움을 원하면서도 결국엔 어떤 향수를 느끼게 되는 점을 고려했다. 이곳에 온 반려동물도 내 집 같은 편안함, 포근한 안식처에 온 것 같은 기분이 들어야 한다고 생각했다. 켄과 밤을 데리고 근교에 여행을 갔을 때의 반응과 평소 좋아하는 공간 등 틈만 나면 켄과 밤의 모습을 관찰했고 그들이 어떤 때 심리적으로 편안한지, 어떤 경우에 불편하고 긴장하는지에 주목했다.

지금껏 없던 프리미엄 애견 호텔을 만들고자 한 프로젝트였기 때문에 공간 그 이상의 가치를 함께 제안하는 것이 좋다고 생각했다. 우리가 호텔을 이용할 때도 사실상 공간 자체나 동선 등은 비슷하나 그 속을 채우고 있는 서비스와 디자인적인 부분에 감응하는

웰컴 키트

경우가 많으니까. 그래서 대부분 호텔에 가면 가장 먼저 우리를 반겨줄 수 있는 게 뭘까 고민하다, 웰컴 키트를 만들어 주면 어떨까 생각했다. 모든 것이 반려동물들에게 맞춰 있는, 인사를 건네는 하나의 툴이었다.

따로 또 같이

1층에는 제품을 파는 숍과 반려견 유치원이 있고 2층에는 스파가 있는데, 입구를 지나 안쪽으로 들어오면 더 아늑하게 외부와 차단된 룸들이 나오도록 구성했다. 룸의 경우 밖에서는 내부가 보이지만 안에서는 외부의 왔다 갔다 하는 사람이 보이지 않도록 차단막을 설치했다. 이곳을 디자인할 때 A 안은 반려동물 입장을, B 안은 사람 입장을 좀 더 생각한 것이었는데 A 안으로 채택되어 공간 구획뿐만 아니라 마감재도 차별화를 두게 되었다. 대소변을 눴을 때 냄새나 오염물질이 잘 스며들지 않도록 많이 신경을 썼다. 반려견이 있는 공간에 가면 특유의 냄새가 나는데 그 어떤 고급 호텔을 다녀봐도 냄새를 잡지 못한 점이 나에게 가장 큰 숙제로 다가왔다. 아무리 좋은 소재를 써도 강아지 소변 냄새를 완전히 잡아주기는 어려운 것이 사실이다. 그래서 합리적인 가격의 소재로 노후가 됐

무엇이든
함께할 수 있는 공간

을 때 빠른 교체가 용이한 것에 초점을 맞춰 마감재를 골랐다. 타일을 붙일 때도 최대한 가까이 붙이는 무매지 시공법을 이용해 오염물질이 덜 스미도록 했다.

뭐니 뭐니 해도 이 공간의 가장 큰 장점은 견주와 반려견이 같은 장소를 여행하고 추억을 쌓을 수 있다는 점이다. 주인과 멀리 떨어진 곳에 맡기는 것이 아니라 내가 걷는 바닷가를 그들도 산책하고 언제든지 함께 이동할 수 있다는 점, 그리고 최상의 서비스를 받으며 서로 각자의 시간을 즐길 수도 있다는 것이 강점이었다. 사람을 위한 리테일 공간과 반려견을 위한 스파, 호텔을 어떻게 연계시킬지를 중심에 두고 풀어나갔던 작업이다. 나에게도 정말 필요한 공간이었기 때문에 고객의 입장에서 작업했고, 모든 고민이 더 즐거웠던 것 같다. 하지만 막상 오픈 후 일이 몰려 아직도 켄과 밤을 데려가지 못했다. 가까운 시일 내에 부산에 내려가 함께 놀다 오고 싶다.

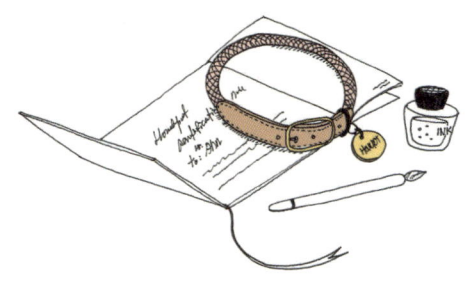

한남동 집무실 Atelier K

Memory is a man's real possession

03

한 사람이 진정으로 소유하는 것은 그의 기억이다.
부유함과 가난은 그 기억을 넘어설 수 없다.

• 클라이언트의 이름을 밝힐 수 없어 'K 대표님'이라고 칭했습니다.
• 개인의 공간이기에 사진은 싣지 않습니다.

사람들이 여행지에서 어떤 물건을 사 오는지 궁금하다. 나에게는 소중한 사람에게 줄 선물을 고르는 일이 오래도록 쓸 물건을 고르는 일과 비슷하다. 어느 날, SNS로 선물 같은 메시지가 왔다. 개인적인 이야기나 작업 관련한 내용, 학생들에게 강의했던 것을 SNS에 자주 올리는 편인데 K 대표님이 우연히 그런 내용을 보고 연락을 주신 것이었다. 전에 우리 팀이 작업한 곳들을 방문한 적이 있다고 했다. 하지만 우리 팀이 규모가 있는 브랜드나 호텔과 작업을 많이 한 이유를 들며 개인 공간인 자신의 공간설계을 부탁해도 되겠느냐고 물어오셨다. 개인적인 공간를 자신 있게 잘하는 편은 아니지만 호기심이 생겨 이야기를 들어보고 싶었다. 나는 K 대표님에게 답장을 했고, 며칠 뒤 우린 만났다. K 대표님은 사적인 공간이지만 앞으로 기획해 나갈 사무 공간 겸 지금까지 모아온 작품이나 물건들을 전시하고 대관도 가능한 공간을 생각하고 있었다. 단순히 개인 공간이 아니었던 것이다. 이것도 하나의 브랜드가 될 수 있겠다는 생각이 들어 일을 시작하게 되었다.

이야기가 있는 선물 가게

작업을 하면서 순간순간 어디에 초점을 맞춰야 할까 고민했지만, 결국 이곳은 사업 구상과 컨설팅을 하는 곳이었다. 사업에 관한 집무를 보는 공간이자 즐기면서 할 수 있는 다른 일을 도모하는 공간. 그러니 어떤 것으로도 쓰일 수 있는 열린 공간이자 재미있게 살고 싶은 자신의 취향을 좀 더 다듬고 벼를 수 있는 곳이 되어야 했다.

"좋아하는 걸 일로 해보세요."

얘기를 하다 보니 K 대표님과 나는 여행을 좋아하고 그 여행에서 물건을 수집하는 걸 좋아한다는 공통점이 있었다. 미팅을 하면서 꺼낸 수첩과 펜, 시가케이스를 필통으로 쓰는 것, 가방도 오래된 가죽 서류 가방을 선호하는 것 까지. 이런 일상적 모습을 관찰하다 보면 그 사람의 취향을 금세 알 수 있는데, 명품보다는 스토리가 있고 디자인적으로 끌리는 제품을 선호한다는 걸 알 수 있었다. 여행에서 돌아올 때마다 그렇게 이야기가 있고 특별한 물건을 사 모으기 시작한 것이 어느덧 컬렉션이라 할 만큼 든든히 모여 있었다. 그 얘기를 듣는 순간 아이디어가 떠올랐다. 작은 소품을 모아서 전시를 열거나 그중에서 고른 물건을 판매하기도 하는, 어른들을 위한 선물 상점이랄까. 명품 가방을 선물하는 게 식상하거나 부담스러울 때 선택할 수 있는 선택지로 맞춤이듯 말이다. 단순히 판매 공간이 아니라 추억을 공유할 수 있는 선물 가게.

갤러리 속 집무실

이렇게 개인적인 공간은 로고나 브랜딩 작업을 하기보다 개인의 취향에 맞춰 작업하기 때문에 접근방식이 조금 다르다. 월세를 내는 임대공간은 후에 건물을 원상 복구해야 하는 부담감이 있어 이런 경우 디자인 요소를 줄이고 본의 아니게 조금씩 포기해야 하는 부분이 생긴다. 우린 강남 등 여러 동네로 부동산을 같이 보러 가기도 하고 차도 마시면서 정말 많은 이야기를 나눴다. 최종적으로 한남동에 있는 한 건물 내에 들어가는 것으로 결정이 났다.

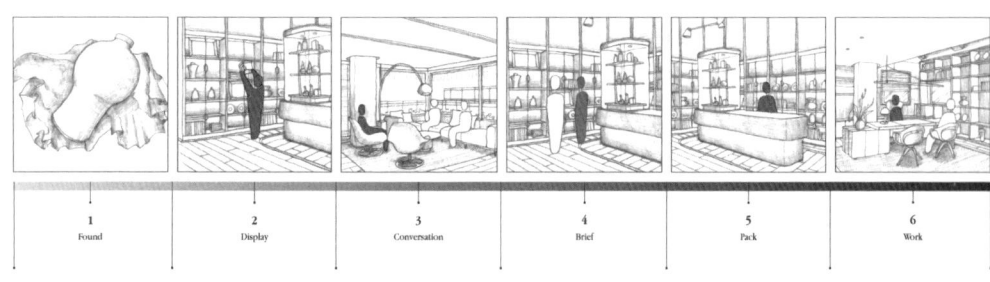

| 1 | 2 | 3 | 4 | 5 | 6 |
| Found | Display | Conversation | Brief | Pack | Work |

아틀리에 K는 전용면적 39평형의 굉장히 작은 복층형 공간이다. 본래는 요즘 카페에서 많이 볼 수 있는 인더스트리얼한 공간이었다. 개인적으로 노출 콘크리트를 별로 좋아하지 않는 편이고 가짜로 꾸며낸 인더스트리얼 분위기를 싫어했는데 클라이언트도 그 점

에 공감해 공간 자체와 지역적 매력은 살리되 취향에 어긋나는 부분을 보완하기로 했다. 몇 가지 디자인 안을 보여드리자 만족하셨고 무거운 느낌보다는 밝은 분위기였으면 좋겠다고 덧붙여 말씀하셨다. 웅장하고 무게 있는, 진중한 콘셉트는 어떨까 제안했기 때문이다. 그런데 대표님은 각기 스토리가 풍부한 물건들이 들어올 것이고, 다른 사람들이 느끼기에 부담스러움보다 경쾌하고 깔끔한 분위기이기를 원했다.

화이트 톤을 중심으로 기존에 있던 딱딱한 뼈대에 껍데기를 대서 좀 더 부드럽게 연출하고 직각인 부분을 둥글게 떨어지는 라인으로 바꿨다. 쾌적한 사무실을 만드는 게 목적이었는데, 삼각 지붕 형태의 복층이다 보니 천장고가 굉장히 높았고, 뻥 뚫려 있는 상태였다. 창이 있는 것도 아니고 쓸모가 없는 섹션이었다. 우리나라는 천장고가 높아야 한다는 인식이 많은데 무조건 높은 것보다 천장을 감쌀 땐 감싸고 올릴 땐 올리며 이른바 강약 조절이 있어야 한다. 대표님도 처음엔 천장이 높아야 하는 것 아니냐고 하셨지만 설득을 통해 천장을 감싸버렸다. 아늑한 분위기로 완성된 모습을 보고 그제야 왜 그랬는지 알겠다고 하셨다.

바닥은 원목 마루를 깔았다. 일반적인 갤러리의 화이트 월 같은 느낌은 상쇄시키되 그곳에서 느낄 수 있는 긍정적인 면은 가져가

1. 밀密, PRIVATE
당신의 특별한 시간을 위해

"한 사람의 취향이 오롯이 담긴 공간"

는 효과를 얻기 위해서였다. 조금 더 분위기를 밝게 해주는 역할로 외부에 테라스를 만들었다. 전후 사진을 보면 굉장히 차이가 확연하다. 처음 오시는 분들은 "원래 이 공간이 이랬었나?"라며 물을 정도로 톤을 많이 정제하고 간결한 방식으로 풀어냈다. 그러나 공간 전체를 원하는 디자인으로 하기엔 견적이 꽤 많이 나와 부담감에 고민하던 찰나 사업 계획이 조금씩 바뀌어 본래 하던 사업과 그림에 좀 더 집중하고 유리장을 없애 소품들은 장식적인 요소로 빼자는 쪽으로 의견을 모으게 되었다. 기본적으로 할 수 있는 최소한의 것으로 최대의 효과를 내기로 한 것이다. 이럴 경우엔 공간을 채우는 가구, 조명 등에 제대로 힘을 주는 게 핵심이다. 조명은 이탈리아의 유명 브랜드 〈비아비주노viabizzuno〉에서 컨설팅을 받아 공간에 빛을 주었고 음향기기 역시 좋은 제품이 쓰였다. 이렇게 공간을 디자인하다 보면 상대방에 대한 이해도가 높아야 좋은 결과물이 나온다는 걸 확신하게 된다. 작업을 하면서도 한 사람을 발견할수 있어서 참 재미있었고, 그러기 위해선 마음이 열려있어야 한다는 사실도 다시금 깨닫게 되었다.

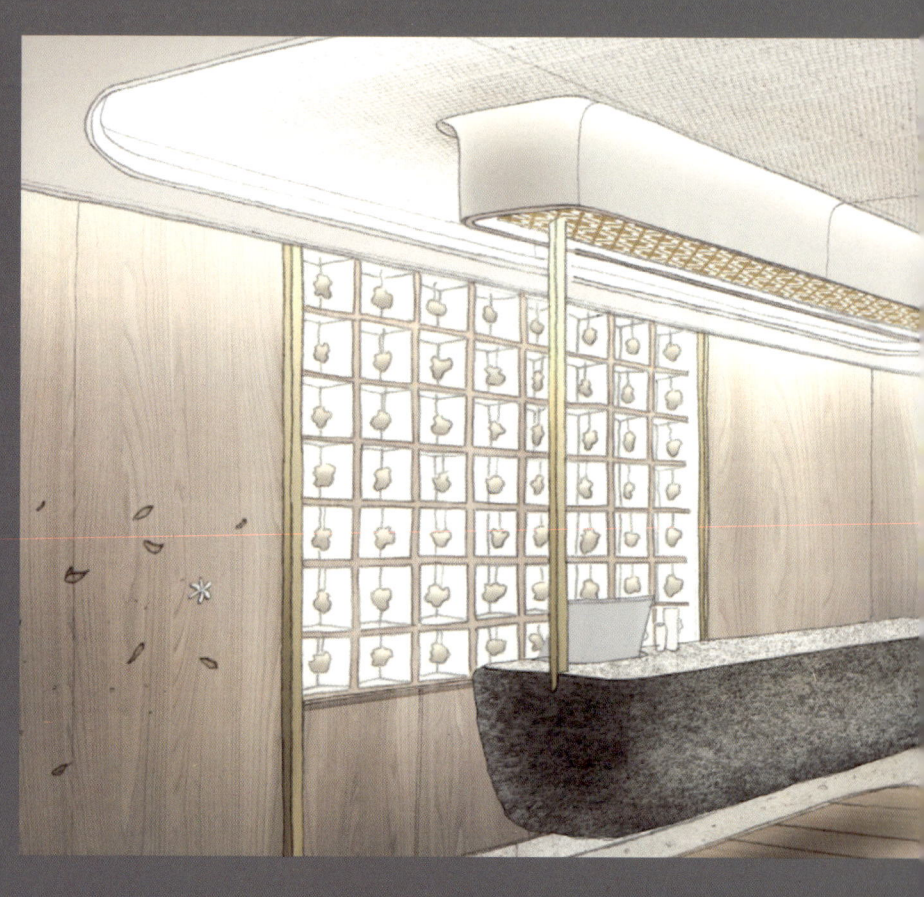

설화수 스파

Every man's memory is his private literature

04

모든 사람의 기억은 그 자신의 철학이 되고,
그것이 결국 공간의 철학이 된다.

개인적으로 아모레퍼시픽은 브랜드 마케팅을 정말 잘하는 회사라고 생각한다. 특히 멀리서도 눈에 띄는 '아이덴티티'를 가진 〈에뛰드 하우스〉는 대학 강의나 특강에서 호불호가 강한 디자인임에도 확실한 브랜드 메이킹으로 성공한 사례로 소개하곤 했다. 그러던 어느 날 주차를 하고 메시지를 확인하다가 아모레퍼시픽의 〈설화수〉 스파 설계에 참여할 수 있겠느냐는 메일을 받았다. 평소 흥미로워하던 브랜드였던지라, '올 것이 왔구나'라고 생각했고 참여하겠다는 답변을 보냈다. 비록 다른 업체들과 경쟁을 해야 하는 상황이었지만 최선을 다해 준비했다. 스파 공간 설계를 해본 적이 있는지에 대한 질문을 받았고, 사실대로 내가 할 수 있는 부분에 대해 말씀을 드렸다. 코스메틱 브랜드의 스파는 해본 적이 없는 분야이지만 어떻게 표현하는지에 대해 끊임없이 고민하고 풀어내는 것이 디자이너의 능력인 것 같다고.

〈설화수〉 일을 하기 전까지 코스메틱 브랜드에서 하는 스파를 가본 적이 없었다. 작업에 앞서 마치 특명처럼 팀원들과 함께 〈설화수〉 플래그십 스토어 매장을 방문해 스파를 받기로 했다. 중국의

〈설화수〉 스파

건축 디자이너 듀오 네리앤후Neri&Hu가 디자인한 플래그십 스토어
는 이전에도 몇 번 방문한 적이 있던 터였다. 2015년 메종&오브제
가 뽑은 올해의 디자이너로 선정되기도 한 이 디자이너들은 브라
스 막대를 교차시켜 신비로운 황금빛 건축 파사드를 완성시켰는
데 이들의 건축에서는 좋은 재료, 장인정신, 자연과의 조화 등 〈설
화수〉의 브랜드 가치를 화려하면서도 정돈된 이미지로 표현했다.
이는 아시아의 아름다움을 널리 비춰주는 '등불lantern'을 콘셉트로
작업한 것이라고 했다. 전통적인 재료와 피부 관리법을 제안하는
공간이지만 현대적인 요소와 적절히 어우러져 미래지향적 공간으
로의 메타포를 만들었다는 생각이 들었다. 무엇보다 극진한 대접을
받는 공간임이 모든 요소에 깃들어 아름다운 아우라를 내뿜고 있
었다. 나는 특명을 실행하기 전 어머니께 전화를 드렸고, 어머니는
나의 중요한 모니터 요원이 되어주셨다.

한계를 장점으로 바꾸는 디자인

〈설화수〉 스파가 들어선 소공동의 롯데호텔은 1979년에 지어
진 오래된 호텔이다. 호텔 한 층의 객실이었던 공간을 스파로 바꿔
야 했는데 기둥, 전기 분전함, 파이프 시프트 등 장애요소가 많았

다. 또 한쪽 공간의 하부는 은행 금고 자리여서 그곳을 피해 공사를 해야 했고 거의 지뢰 찾기 게임을 하듯 자리를 만들어내야 하는 상황이었다. 또한 노출천장으로 했을 때도 2300밀리미터밖에 나오지 않았고, 브랜드에서 원하는 스파 룸의 옵션이 여덟 개까지 들어가야 했지만 방해요소들 때문에 처음 레이아웃을 잡을 때 고생을 많이 했다. 그래서 프레젠테이션 내용에도 기존에 잡혀 있는 것보다 더 많은 공간이 확보되어야 한다, 호텔 측에 방 하나를 더 받아야 할 것 같다고 말씀을 드렸다. 방 하나가 추가됐고 조금 확장된 상태에서 레이아웃이 시작됐다.

스파에 방문했을 때 '이게 바로 극진한 대접을 받는 것이구나'라는 느낌이 가장 먼저 들었는데 그런 감정을 느끼게 해주는 테라피스트와 고객 사이를 이어주는 것이 바로, 제품이었다. 제품에 대한 신뢰도는 대중적으로 높은 지점에 올라와 있었지만 그 제품을 직접 소개하고 전달해주는 테라피스트와의 연결 상태도 굉장히 중요하게 다가왔다. 하지만 스파를 받기까지 상태를 체크하고 안내를 기다릴 때, 족욕 하기 전, 탈의할 때 등 중간중간 테라피스트와의 연결이 끊어질 수밖에 없는 지점이 있었다. 관리를 받으러 온 사람들이 그런 순간 서비스의 단절을 느끼면 안 되겠다는 생각이 들었다. "기억에서부터 취향이 만들어진다"는 말을 떠올리며 기억에 대한 얘기로 디자인을 풀어보고 싶다는 생각을 하게 됐다. 고객들이

1. 밀密, PRIVATE
당신의 특별한 시간을 위해

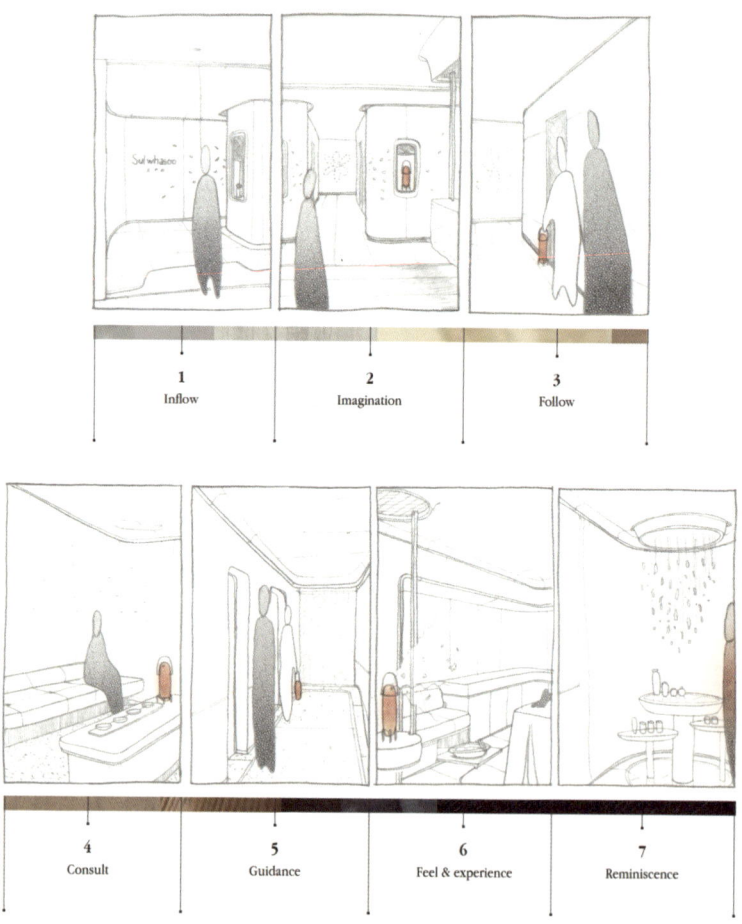

1
Inflow

2
Imagination

3
Follow

4
Consult

5
Guidance

6
Feel & experience

7
Reminiscence

관리를 받는 순간 외에도 어떻게 하면 테라피스트와 연결되어있다는 느낌을 받을 수 있을지 고민했다. '랜턴'이라는 요소를 데려와 언제 어디서든 함께 이어져 있다는 안정감을 선사했다. 옛 호롱불 디자인을 모던하게 만든 이동식 랜턴은 샤워를 할 때에도 불이 켜져 있도록 했고 브랜드 쪽에서 디자인을 얘기하기 전에 브랜드 이미지, 서비스 디자인으로 설명을 시작하자 많은 부분 공감을 얻어 첫 프레젠테이션이 순조롭게 끝났다.

A, B 두 가지 옵션으로 디자인 제안을 드렸는데 두 제안의 차이점은 '고객의 동선을 어떻게 잇는가'였다. 호텔 내의 스파이지만 입구에서부터 호텔 복도식 이미지를 깨면 재미있을 것 같다는 생각이 들었다. 형태를 살리는 것과 색다른 분위기를 연출하는 두 가지 방법이었는데 거의 만장일치로 새로운 분위기를 연출하는 A 타입으로 들어갔으면 좋겠다는 의견으로 모아졌다. 〈설화수〉에서 잘 쓰지 않는 옥색이 포인트로 들어가는 제안이라 '브랜드와 맞지 않는 것은 아닐까?'라는 우려도 있었지만 동양적이고 한국의 헤리티지를 반영한 〈설화수〉의 브랜드 아이덴티티를 세련되게 풀기에 좋은 색이라 확신했기 때문이다. 호텔에는 외국인 관광객들도 많이 방문하기 때문에 한국적인 이미지에 대한 니즈가 있다는 것과 그럼에도 불구하고 브랜드의 스파를 좋아하는 국내 고객도 많다는 점을 함께 고려한 이유였다. 한국 사람이 봤을 때는 신기하다, 고급스럽

다고 느낄 수 있으면서 외국인이 봤을 때는 한국적이고 동양적인 아름다움을 이렇게 모던하게 풀 수 있다는 걸 보여주고자 옥색을 사용했다.

전반적으로 큰 셰이프이나 형태적인 부분은 〈종킴디자인스튜디오〉의 아이덴티티를 잘 보여주면서 세부적인 디테일이나, 감도는 요소 하나하나는 한국적인 분위기를 살릴 수 있도록 고려해 디자인했다. 가구의 조립 방식, 형태적인 부분, 기타 디테일 부분에 그런 요소를 첨가하는 방식으로 음양오행설에서 풀어낸 오방색(청·적·황·백·흑색)을 곳곳에 배치했다. 보완했으면 하는 점을 채우기 위해 어머니의 체험 후기도 꼼꼼히 듣고 반영했다. 천장고가 낮은 게 문제점이었는데 어떻게 하면 보완이 될까, 고민하다가 곡선을 사용하지 않는 부분에는 직선을 이용해 시원하게 풀어냈다. 천장고가 낮은 단점을 커버하기 위해 직접조명을 쓸 수도 있었는데 간접조명을 하게 되면 덧대는 작업이 필요해 천장고가 더 내려가는 상황이었기 때문이다. 2~3센티미터 높이를 더 확보하기 위해서 아무것도 하지 않는 것보다 간접조명을 활용해 낮은 공간의 맛을 극대화하는 쪽으로 생각을 정리했다. 오밀조밀하게 채워서 낮은 천장의 포근하고 아늑한 매력을 살리는 것. 건물의 한계 때문이 아니라 천장을 일부러 낮춘 것처럼 느끼도록 하려는 의도가 있었다.

바닥에는 전통 마루같이 큰 원목을 대서 편안한 분위기를 연출했다. 기존에 해왔던 작업과 비교했을 때 눈에 띄는 화려한 변화보다 공간의 디테일, 시공법, 마감 등에서 차이를 느낄 수 있도록 작업했다. 입구에 들어갈 때도 관리 받는 고객이 있다는 점을 간접적으로 표현하고 싶어서 직접적인 팻말보다는 입구 문 상부에 브라켓 조명을 달아 불이 켜지고 꺼지도록 만들었다. '백자같이 맑고 깨끗한 피부'를 선사하겠다는 제품의 슬로건이 와 닿을 수 있도록 대리석에서 발광이 되는 월타입 브라켓 조명을 개발한 것이다.

1. 밀密. PRIVATE
당신의 특별한 시간을 위해

스케치 A type

04 설화수 스파
Every man's memory is his private literature

99

1. 밀密, PRIVATE
당신의 특별한 시간을 위해

04 설화수 스파
Every man's memory is his private literature

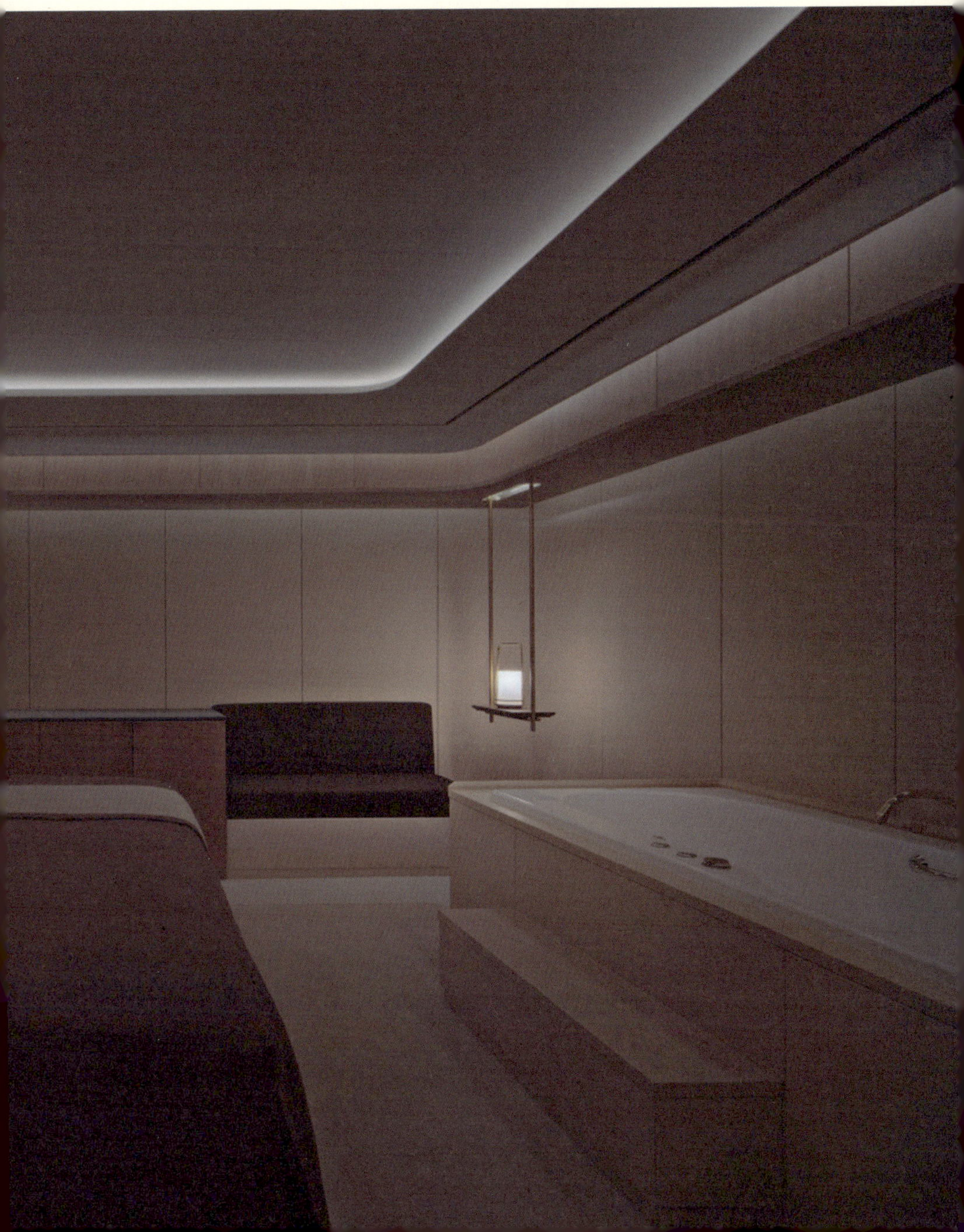

　　브랜드에서는 내가 유럽에서 공부했고 스타일이 확실하기 때문에 검박한 멋이 있는 한국적인 느낌을 잘 살릴 수 있을지에 대한 우려가 있었던 것 같다. 직접적으로 표현하면 자칫 평범한 한식당의 느낌이 날 수도 있기에 디테일에서 느낌을 살리는 방식으로 진행했다. 가구는 레드 오크, 벽은 화이트 오크를 사용해 밝고 깨끗한 분위기 속에 차분함을 더했고 동양적인 분위기가 나는 페인트, 금색 실이 들어간 유리(Metal lath glass) 등을 사용했다. 전체 분위기는 한국적인 분위기가 느껴질 수 있도록 밸런스 조율에 공을 들였다. 새로운 감각의 소재도 들어가면 좋겠다고 생각되어 벽의 하단부에는 '미콘'이라는 신소재 콘크리트를 사용했다. 합성 콘크리트로 백화점 매장 등에서 최근 많이 사용하는 소재인데 벽의 상단부에는 비슷한 스킨 톤의 페인트를 칠하고, 하단부에는 미콘을 스킨 톤으로 제조해 속부터 빛나는 피부를 표현한 것이다. 우리나라 한옥 건축에서의 디딤돌 역할처럼 기초가 탄탄해야 한다는 것을 보여주기도 하고 재질감으로 콘트라스트를 준 사례이다.

　　이 공간의 경우 습도가 중요한 요소였는데 스파 룸에서는 제습기와 가습기가 동시다발적으로 돌아가야 했다. 하지만 이렇게 정제된 공간에 투박한 기계들이 밖에 나와 있는 게 보기 좋지 않을 것 같아 장 속에 넣어버리는 방법을 택했다. 고객들이 서비스를 받으려 누운 다음에 켜기 때문에 시야에 걸리지 않았고, 족욕을 받기 위해 앉았을 때 허리의 각도, 쿠션감, 누웠을 때 눈이 부시지 않는 조도, 옷을 벗을 때 보이는 거울의 위치 등 디테일을 고려했다. 스파가 끝나고 마지막에 나오는 동선에는 스파 제품을 예술품처럼 전시한 공간도 작게 마련했다. 스파를 받기 전에는 이 공간을 보지 못하는데 스파를 받고 나와서 마무리로 깨끗한 피부표현을 위한 색조를 보고 나가는 스토리가 있는 것이다. 상담 받기 전 프리미엄라인부터 관리받을 제품을 마주치며 색조를 본 뒤 화장을 하고 나오는 공간 연출인 것이다.

서로에게 복된 협업

색과 가구만으로는 동양적인 아름다움을 표현하기에 부족하다고 생각하던 찰나 아모레퍼시픽 미술관에서 자수매화도 10곡 병풍을 보았다. 흰 천에 매화가 수놓인 작품이었는데 도안을 그린 작가는 있지만 누가 수를 놓았는지는 나와있지 않았다. 이 작품을 한국적인 아름다움을 표현하는 요소로 재해석해보면 좋겠다고 생각했다. 컴퓨터 자수를 하게 될 경우 꽃잎의 그라데이션이라든지 한국 자수가 갖고 있는 특유의 운치는 표현 할 수 없었다. 전통 궁중자

1. 밀密, PRIVATE
당신의 특별한 시간을 위해

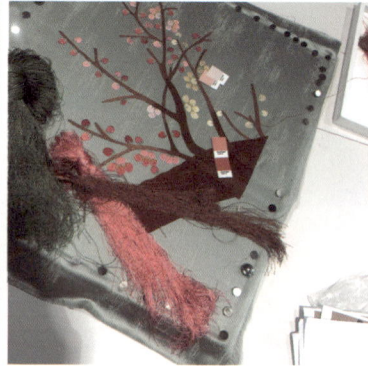

수를 하시는 분을 찾아야겠다는 생각으로 무작정 인사동에 나가서 갤러리를 돌다가 마침 아리수아트센터에서 전시 중이던 자수공예 가 송연 곽복희 명장님의 전시를 보게 됐다.

산책하러 나온 듯한 차림의 청년이 대뜸 어떤 프로젝트를 하고 싶다고 하니 당황스러우셨을 것이다. 내가 누구인지 상세한 소개 와 함께 명장님처럼 한국의 전통 문화예술을 하는 분과 같이 작업 을 하고 싶다고 제안을 드렸다. 젊은 감각으로 짠 틀에 마지막 터치 는 명장님의 손길이 닿았으면 좋겠다고. 정중한 부탁을 통해 명장 님의 이력서를 받아 브랜드에 함께하고 싶은 분이라고 보고를 했 고 흔쾌히 같이 작업하게 되었다. 프로젝트를 하게 되었을 때 명장 님께서 평생 본인의 이름으로 뭔가를 해본 적이 없다고, 항상 협업 이나 선생님들 아래에서 도움을 드리는 역할이었는데 자신의 이름 으로 작업을 할 수 있어서 기쁘다고 지하철에서 울먹거리시며 전 화를 주신 일이 기억난다. 솔직히 브랜드에서 "디자인이 예쁘다, 잘 했다, 감사하다"는 피드백을 들었던 것보다 선생님의 회한이 담긴 그 전화를 받았을 때 더 감동이 느껴졌다. 상업디자이너는 전통문 화나 순수예술을 하는 분들을 밖으로, 사회로 이끌어주고 어떻게 더 많은 분과 나눌 수 있을까 고민해야 하는 역할이라고 생각했기 때문이다. 실의 선택, 자수의 기법 등을 살피기 위해 명장님이 직 접 아모레퍼시픽 미술관 큐레이터분과 함께 수장고에 들어가서 작

업을 보셨다. 〈설화수〉 디자인 담당자도 같이 참석했다. 광택감 있
는 천 위에 올록볼록한 자수가 새겨져 음영이 지고, 그 질감이 표현
하는 감성이 브랜드가 추구하는 궁극적인 미적 가치와 맞아떨어진
것 같아 무척 흡족했다.

최고와 함께하는 기쁨

이처럼 〈설화수〉 스파 프로젝트는 최고의 브랜드 디자인 담당자
와 시공사도 함께했지만 가구 목수, 자수명장, 테라피스트, 인테리
어 스타일링, 조도설계팀 등 각 분야 전문가분들의 협조와 조화가
잘 이뤄진 프로젝트이다. 각 분야의 담당자들과 꾸준히 미팅을 하
며 작업을 해야 했기에 공과 시간이 많이 든 작업이기도 하다. 매
주 일주일에 두 번씩 정기 미팅을 가졌다. 기존에 작업하던 시공사
가 아닌 건설사와 일을 한 것은 처음이었는데 상대적으로 투입된
인원이 많고 미팅을 위해 자주 시간을 빼야 했다. 조금 부담이 되긴
했지만 공간적인 여유 없이 빽빽하게 들어가야 하는 작업이라 약
간의 오차범위도 큰 영향을 미칠 수 있었기에 실수하지 않기 위해
시간을 많이 투자해야 했다.

아모레퍼시픽 미술관도 전시가 바뀔 때마다 방문했는데 그곳에

"마음이 충만해지는 한국 자수의 아름다움"

1. 밀密, PRIVATE
당신의 특별한 시간을 위해

04 설화수 스파
Every man's memory is his private literature

1. 밀密. PRIVATE
당신의 특별한 시간을 위해

04 설화수 스파

Every man's memory is his private literature

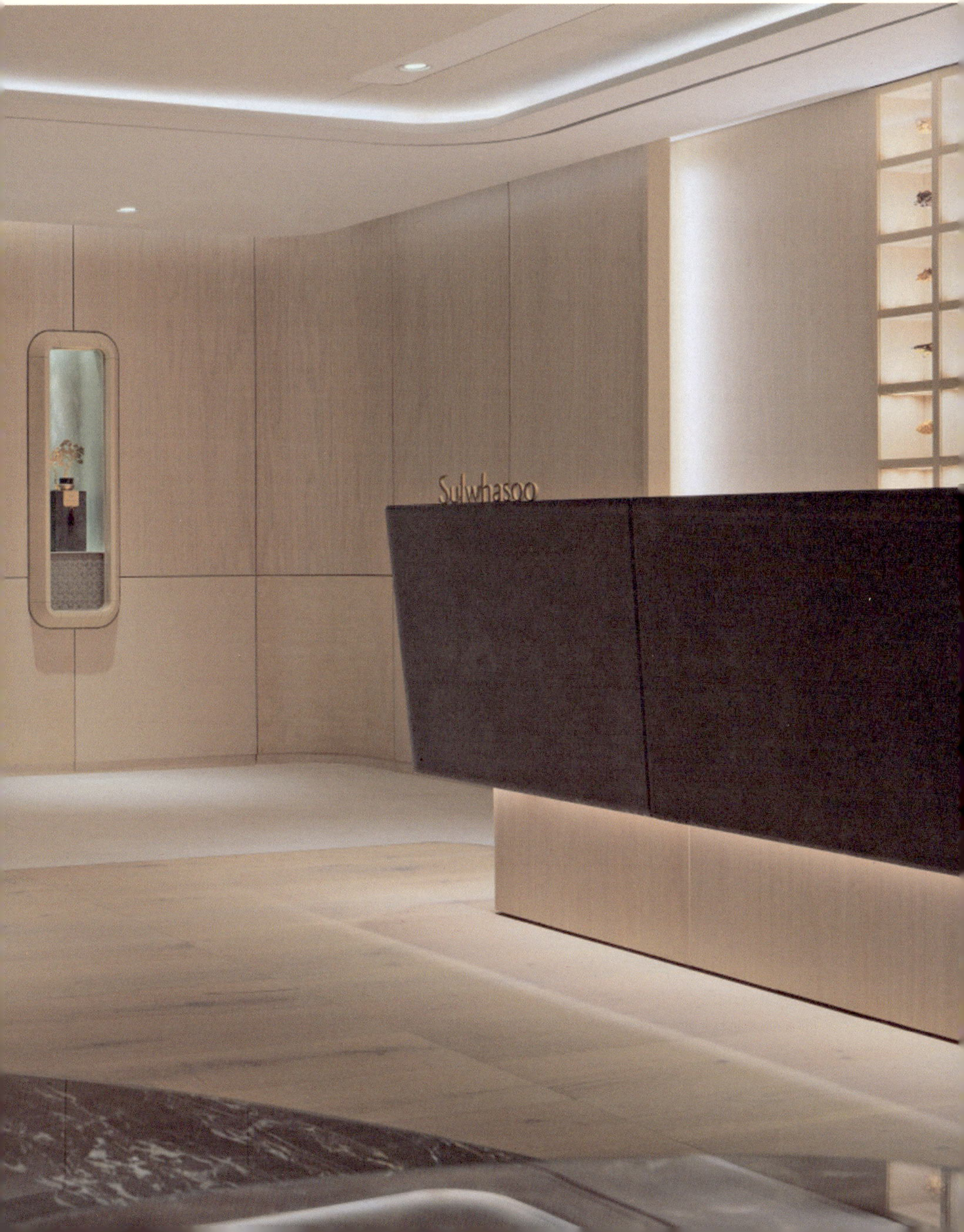

서 만드는 전시 관련 굿즈나 직원들의 태도, 데이비드 치퍼필드가 설계한 본사 공간의 아름다움을 보다 보니 더 잘해야겠다는 부담감과 압박감이 들기도 했다. 직원들의 생활공간인 사무실이 좋은 환경이니 디자이너가 만든 공간은 더 큰 만족감을 줘야 한다는 생각이 들었다.

사람들이 우리 회사를 비판할 때 "걔네 잘하지. 근데 그거밖에 못하잖아"라고 이야기한다. 사실 그것밖에 못하는 건 아니지만 특히 그쪽을 잘하긴 한다. 클라이언트도 그걸 원해서 오시는 분들이 많다. 그런데 밖에서 느끼는 것과 실제 방문해서 경험하고 공간을 느끼고 만져보고 맡아보고 내리는 감상은 모든 프로젝트마다 다르다. 그런 디테일은 각각의 아이덴티티를 보고 연구하고 고민한 결과물들이다. 디자이너 욕심으로는 브랜드 전체를 나만의 스타일로 재해석해 꾸며보고도 싶었지만 한편으로는 〈설화수〉 도산공원 플래그십의 느낌도 가져가야 하는 것을 인지하고 있었기에 많은 부분을 고려할 수밖에 없었다. 그래야 브랜드 인지도가 정립된 상황에 있는 고객분들의 혼돈이 덜할 것이기 때문이다. 플래그십에서 인상적인 부분, 예를 들면 리셉션에서 제품에 사용되는 원료를 담는 격자무늬 벽 같은 경우는 그대로 디자인을 사용했다. 일반적인 브랜드와 코스메틱 브랜드의 차이점은 고객이 스파를 하는 순간도 중요하지만 결국엔 고객이 그 제품을 이용하고 고객으로 만들어야 하는 게 가장 큰 목적이라는 점이다. 내가 관리 받고 있는 제품들이 〈설화수〉임을 인지할 수 있도록 공간에서 진부하지 않게 보여주는 것도 중요하게 생각했다. 국내 최고 코스메틱 브랜드의 스파 작업을 할 수 있다는 것에 자부심을 느낀 프로젝트였다.

2부 명名, LUXURY : 고귀한 것에 빛을 더하는 일

명품 브랜드의 공간을 꾸미는 작업은 협업의 의미를 뛰어넘는다. 오랜 시간 쌓아온 이들의 노력과 고민에 새로운 장을 열어주기도 하고 한 발짝 더 성장할 가능성을 보여줄 수도 있다. 그러나 그것은 창조자의 역할이 아니라 철저히 도와주는 보조자의 역할이다. 그런 점에서 상업디자이너로서의 내 장점과 철학이 가장 잘 드러나는 부분이다.

KUHO flagship store

The tale of tomorrow

05

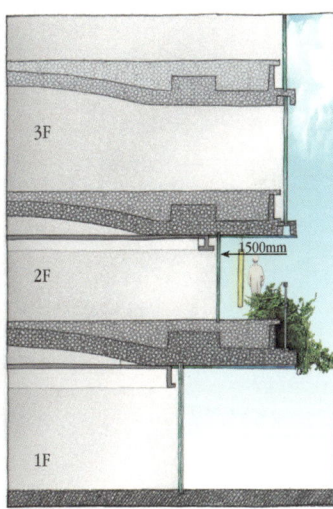

내일을 이야기하는 공간.
그곳에는 우리가 꿈꾸는 희망이 녹아 있다.

포트폴리오를 들고 삼성물산 사무실에 처음 갔던 날이 아직도 생생하게 기억난다. 패션 브랜드 〈구호KUHO〉는 국내 패션 브랜드 중에서도 특히 애정이 남다른 곳이었다. 한국의 패션디자인 역사에서 한 획을 그었다고 할 수 있는 정구호 디자이너가 1997년도에 만든 '우아하면서도 세련된 디자인을 찾는 사람들에게 오아시스가 되어준 브랜드'였기 때문이다. 2003년도부터 삼성물산에서 운영되고 있는 이 브랜드는 혁신적이었던 초기 디자인에 대한 향수가 있는 팬들의 마음을 다시금 사로잡음과 동시에 현재의 〈구호〉를 어떻게 하면 잘 알릴 수 있을까를 고민하고 있었다. 나 역시도 지금 〈구호〉가 앞으로 나가야 할 방향성을 확실히 보여줄 때라고 생각했다. 그런 의미에서 완성된 〈구호〉의 플래그십 스토어는 〈구호〉의 내일에 대한 이야기를 담은 공간이었다.

누가 〈구호〉를 맡는다고?

국내 브랜드에서 플래그십 매장을 만들 때 보통은 외국의 유명

디자이너 혹은 명망 있는 선생님들께 의뢰하는 경우가 대부분이다. 그래서 내가 〈구호〉의 플래그십 매장을 맡았다고 알려졌을 때 "어떻게 신진 디자이너가 그걸 맡았지?" 하며 의아해하는 사람들이 꽤 있었다. 그렇지만 진행된 루트는 단순, 명쾌하다. 2017년도에 코엑스에서 열린 '서울리빙디자인페어'에 올해의 주목해야 할 디자이너, 'Designer's Choice' 중 한 명으로 선정되어 종킴디자인스튜디오가 감사하게도 두 명의 선배님들과 함께 싱글 남자를 위한 리빙룸 공간을 연출해 선보일 수 있었다. 신이 나서 직접 디자인한 라운지 가운을 입고 부스에서 많은 시간을 보내며 사람들을 만나고 인사를 나눴다. 그때 리서치 차원에서 페어를 찾은 삼성물산의 직원이 우리 부스를 보고 제안을 해왔다. 기존의 한국 디자이너들에게서 충족받지 못한 부분을 채울 수 있는 사람이면 좋겠다고 생각하던 찰나 '외국의 라이프스타일을 경험해본 김종완이 할 수 있지 않을까?'라는 판단이 들었다고 하셨다. 〈구호〉는 브랜드로서 중요한 기로에 서 있었고, 옷만 파는 것이 아닌 라이프스타일 전반을 아우를 수 있는 포괄적인 매장을 기획 중이었기 때문이다.

그렇게 연락이 닿은 다음 날 바로 삼성물산에 들어가 포트폴리오와 함께 지난 작업에 대한 이야기를 나눴다. 한국에 들어온 후 가장 큰 작업이었지만 부담스럽기보단 정말 잘 만들고 싶다는 욕심

이 크게 들었고, 팀원들과 함께 직접 손으로 그린 기획서는 장장 58페이지에 달했다. 디자인에 관한 본격적인 얘기는 20페이지 후부터 시작되었는데 그 전에는 우리가 제안할 수 있는 VMD 및 in store programs에 대한 내용을 말씀드렸다. 〈구호〉 매장에서 어떤 라이프스타일 제품을 팔아야 하는지, 왜 커피보다 티를 팔아야 하는지 등 공간의 아이덴티티를 형성할 수 있는 작업을 함께 제안했다. 메인 아이템은 향으로 잡고 "구호의 향을 집에 가서도 맡으며 향으로 기억되는 구호의 매장이 되었으면 좋겠습니다"라고 운을 뗐다. 사람들은 집중했고 구호의 시그니처 티, 계절별 티, 레디 투

드링크RTD 등의 콘셉트를 잡은 후 콘셉트 추얼 이미지를 공개했다.

클라이언트 입장에서는 기존 인테리어 작업을 맡았던 팀들에 비해 마케팅적 측면이나 본사에서 해결해야 하는 가려운 부분을 긁어주는 우리의 발표가 마음에 든 것 같았다. 몇 가지 보완사항과 피드백을 거친 후 사장님에게 직접 보고를 했으면 좋겠다는 답이 돌아왔다. 발표를 마친 후 경영진

RTD _ Ready To Drink

125

"이곳이 세상에서
제일 매력적인 집이면 좋겠다"

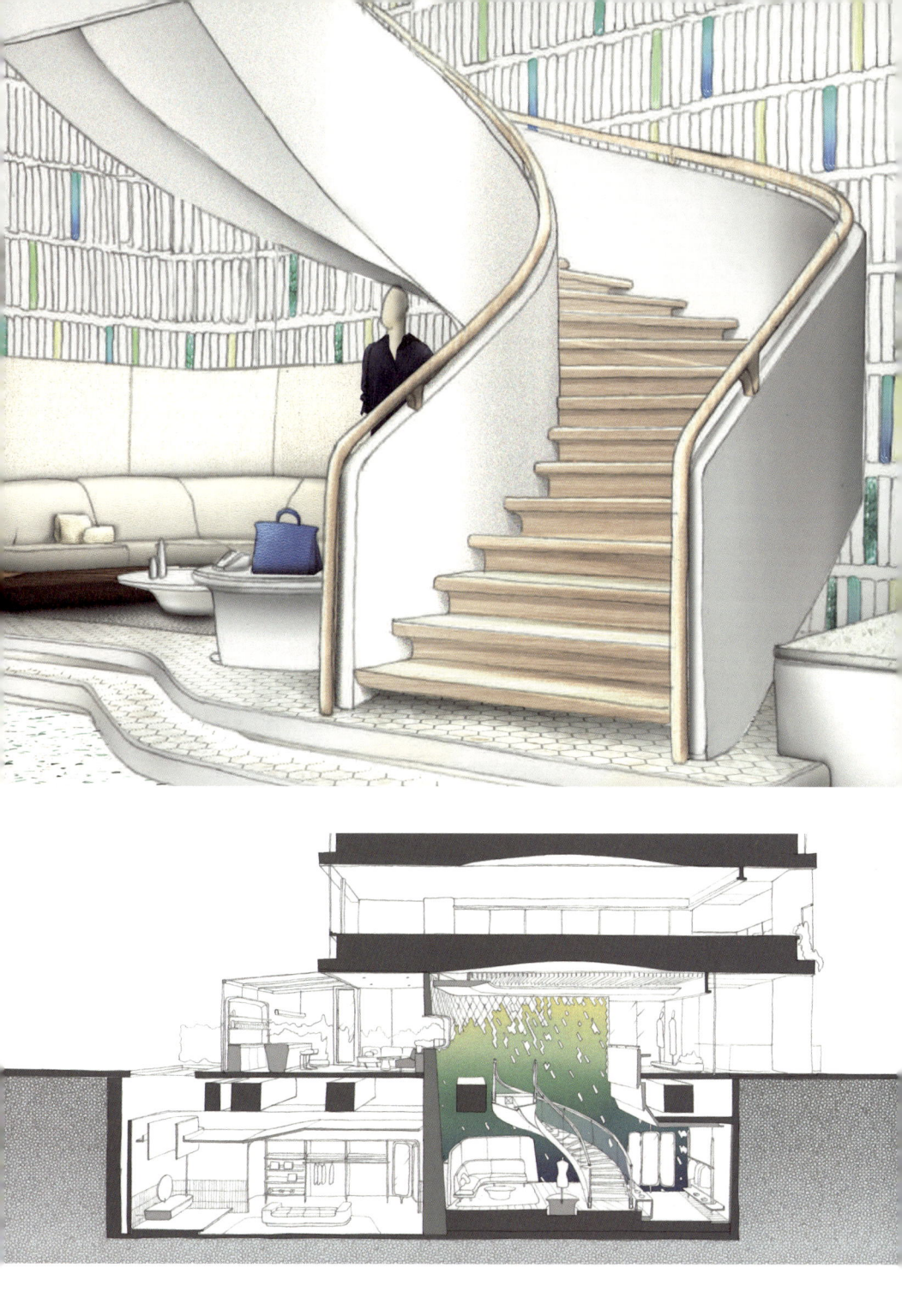

보고가 그 자리에서 바로 통과되고 진행에 들어가는 것으로 결정이 났다. 삼성물산 패션 부문 내에는 SI(Store Identity) 팀이 있는데 그 팀이 주축이 되어 많은 부분을 정리해줬기에 일은 물 흐르듯 일사천리로 나아갈 수 있었다.

〈구호〉의 집으로 초대합니다

처음 나온 의견은 '라이프스타일을 담자', '〈구호〉의 집을 형상화하자'라는 콘셉트였다. 클라이언트의 요구 사항에 따라 리빙 룸, 다이닝 룸, 파우더 룸 등 각 방마다의 구획이 있었고 이를 축으로 현실적으로 구현하기 어려운 부분들을 조율하며 은유적으로 표현하기 위해서 노력했다. 매장에 들어설 때 1층에서 어떻게 제품과 잘 만날 수 있을지, 지하 공간에서는 어떤 특별함으로 안내할 것인지에 대한 고민을 가장 많이 했다. 고객이 브랜드를 가장 먼저 접할 수 있는 1층은 라운지 개념으로 가져갔다. 전체 콘셉트는 '〈구호〉의 집'이지만 공적, 사적 공간이 따로 또 같이 있는 것처럼 느껴질 수 있게 공간 앞부분은 디스플레이용으로, 안쪽으로 들어가면 테라스가 있는 티 룸으로 디자인했다. 그러나 지하 1층의 경우에는 완전히 내밀한 공간으로 표현하고 싶었기에 1층 공간의 절반에 가까운 면적 가운데를 뚫어 나선형 내부 계단을 만들었다. 2층은 전시공간으로 홀 세일을 하거나 이벤트를 할 수 있는 공간으로 기획했다.

계획을 실행에 옮기면서 기존 건물에 대한 문제점도 중요하게 짚고 넘어가야 했다. 현재 〈구호〉 플래그십 스토어 건물은 조민석 소장님의 건축사무소 매스 스터디스가 사무공간으로 설계한 것으로, 건물 자체로 균형미와 아름다움을 갖춘 건물이었다. 그렇지만 상업 공간으로 쓰기에는 많은 부분이 막혀 있는 구조였고 지하로 내려가려면 밖으로 난 계단을 이용해야 하는 등 손님들의 유입이 어려운 점이 있었다. 그래서 매장 내부 가운데를 뚫어서 나선형 계단을 만들고 뒤로는 테라스를 구획하는, 어떻게 보면 파격적인 제안을 한 것이었다. 사실 건물에 가용할 수 있는 면적을 뚫어서 쓴다는 것이 받아들이기 힘든 얘기일 수도 있다. 경영진 입장에서는 브랜드가 잘되려면 잘 팔려야 하고, 잘 팔리려면 보통은 많은 제품을 보여줘야 한다고 생각하는데 그 가용 면적을 뚫어버린다고 하니 처음엔 좀 많이 놀랐을 것이다. 그렇지만 문제점과 함께 그 이유를 조목조목 짚어드리자 결국 믿어주었고, 뚜껑을 열고 나자 이 계단을 보러 매장에 가는 사람들도 생겼다.

2. 명名, LUXURY
고귀한 것에 빛을 더하는 일

아름다운 선이 있는 공간

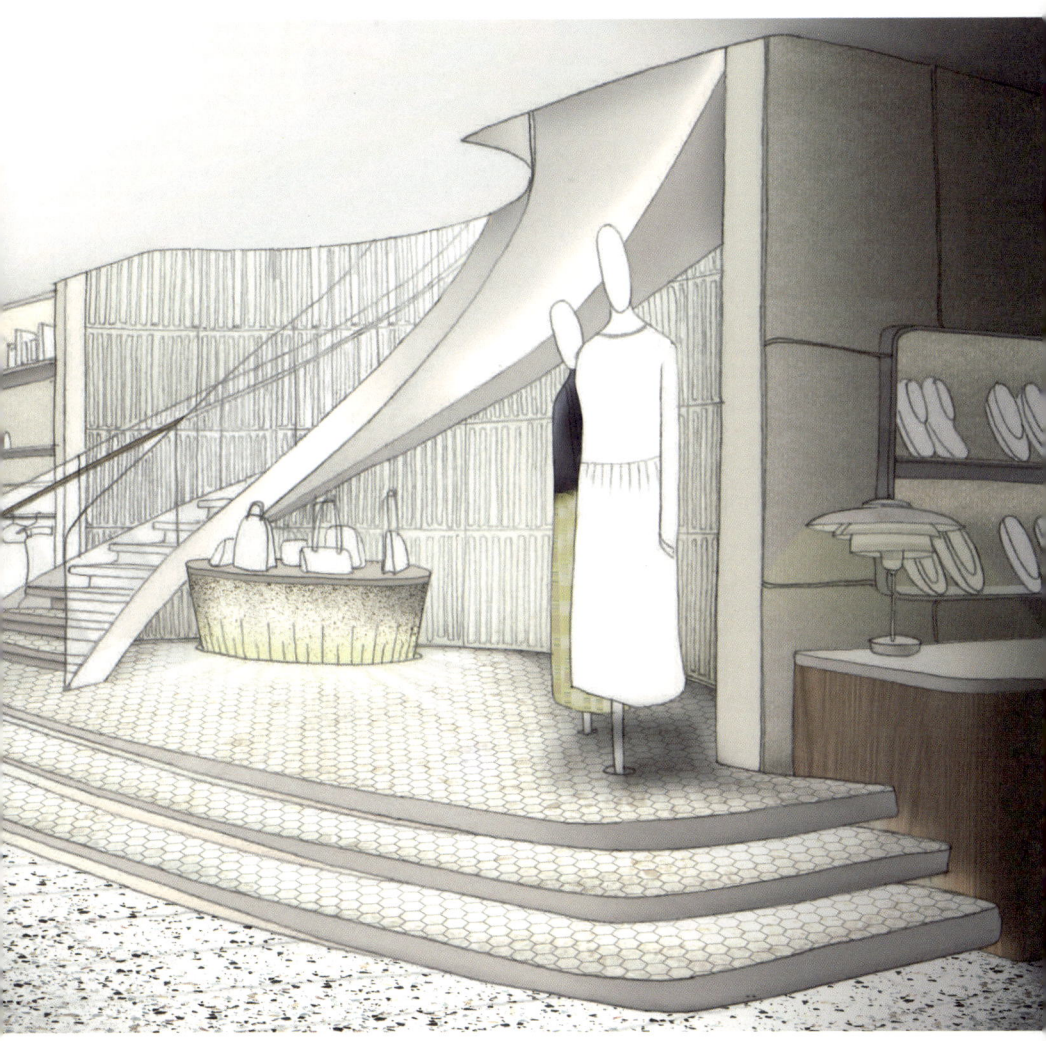

"우아함과 아름다움을 상상하는 공간"

내일을 그리는 브랜드의 공간

큰 틀을 잡았다면 이제 '〈구호〉의 내일을 어떻게 보여줄 것인가?'
가 당면한 과제였다. 고민 끝에 내린 결론은 〈구호〉의 히스토리를
느낄 수 있는 공간에서 생동감 있는 현재를 함께 보여주자는 것!
아이디어 회의 중 "서재에 빼곡히 꽂힌 책 이미지로 〈구호〉의 히스
토리를 은유적으로 표현하면 어떨까?"란 의견이 나왔고, 바로 이
이미지를 구현할 마감재 만들기에 들어갔다. 합성수지와 석고를 섞
어 책 모양 몰딩으로 찍어낸 신소재 마감재를 벽면에 빼곡히 채워
마치 책장처럼 연출했다. 아이디어 단계에서는 여러 가지 색을 레
진으로 쓰려고 했으나 피드백 과정을 거쳐 밝은 회색 톤으로 통일
해 집중도를 높이는 방향으로 변경되었다. 1층에서 쇼케이스를 둘
러보던 고객들은 나선형의 계단을 따라 지하로 내려가면서 이 회
색 책장 벽면을 마주하게 되는데 아마도 그 책을 머릿속으로 꺼내
펼쳐보면서 차곡차곡 쌓아간 〈구호〉의 우아함과 아름다움을 상상
해볼 수 있지 않을까 하는 의도를 담았다.

지하로 내려가면 드디어 은밀한 공간이 등장한다. 가장 먼저 마
주하게 되는 파우더 룸은 스케치와 똑같이 구현되었다. 파우더 룸
이라고 해서 일반적인 욕실처럼 디자인한 것이 아니라 화장실에
서 사용될 법한 마감재를 매장에서 어떻게 새롭게 활용할 수 있을
지를 고민했다. 과한 장식은 빼고 간결한 파우더 룸 형식을 취하되,

2. 명名, LUXURY
고귀한 것에 빛을 더하는 일

05 KUHO flagship store

The tale of tomorrow

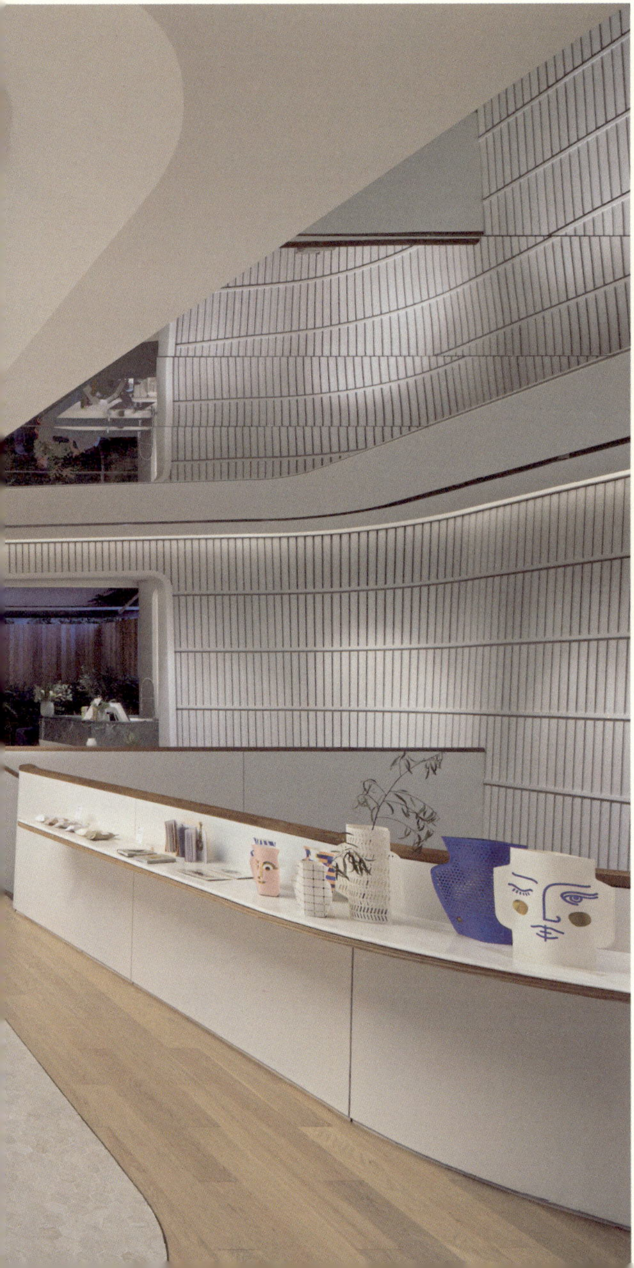

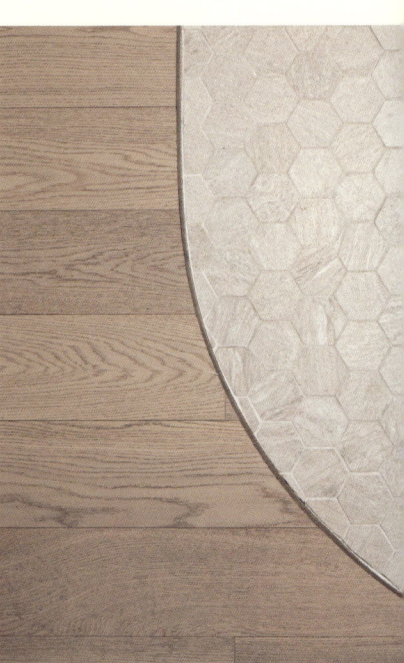

디테일에서 재미를 찾을 수 있는 곳. 간접조명의 역할도 한몫했고 천장에서 떨어지는 자연채광을 느낄 수 있도록 디자인한 부분, 배수가 잘될 것 같은 펀칭 패턴의 부드러운 마감재를 바닥에 깔고 욕실의 수건걸이에 사용될 법한 디자인을 디스플레이 바에 차용한 디테일 등 구석구석 살펴보는 재미를 주었다. 다이닝 룸도 마찬가지. 아늑한 방으로 초대해 프리미엄 라벨 옷과 함께 다양한 국가에서 공수해 온 흥미로운 식기류를 함께 감상할 수 있게 했다.

마감재 선택은 〈구호〉의 컬렉션을 꼼꼼히 살펴본 후 컬렉션의 키 색감과 패턴이 이어질 수 있는 재료들로 골랐다. 브랜드를 살려주는 스토어를 만들기 위해서는 인테리어가 매장에 있는 제품과 싸우면 안 된다는 지론을 잊지 않았다. 그 때문에 컬렉션을 돋보이게 할 수 있는 뉴트럴 컬러를 많이 사용했다. 육각 타일도 사이즈와 재료를 골라 따로 제작하고 〈구호〉만을 위한 색을 조합해 테라조를 새로 만들어 바닥에 깔았다.

〈구호〉 플래그십 스토어 한남이 문을 열고 다행히 좋은 반응이 잇따랐다. 그 기운을 몰아 플래그십 스토어 이후에 백화점 내의 콘셉트 스토어도 하나씩 전체 리뉴얼하면서 SI 작업을 진행했다. 플래그십 스토어 작업을 하고 이를 토대로 콘셉트 스토어, 코너 스토어로 확장하는 것인데 스스로가 생각하는 이상적인 공간디자인과 브랜딩 작업의 순차를 밟아가며 맥락이 이어지고 있어서 뿌듯한 프로젝트였다. 무엇보다 가장 큰 성과는 〈구호〉라는 브랜드를 몰랐던 사람들에게 이름을 알리는 데 역할을 한 것이다. 하지만 이 프로젝트의 중요한 성공 요인은 〈종킴디자인스튜디오〉만의 힘으로 이룬 것이 아니다. 각 분야 전문가들과의 협업이 매우 체계적이고 순조롭게 잘 이뤄졌다는 점이 가장 큰 성공 요인이었다. 삼성물산의 SI 팀을 필두로 스타일링 팀, 조명 팀이 따로 있었고 모두의 힘이 모여 조화로운 공간을 만들어 냈다. 한국에서는 드물게 이뤄진 케이스라 이 부분에서 자부심을 느끼며 즐겁게 작업할 수 있었다.

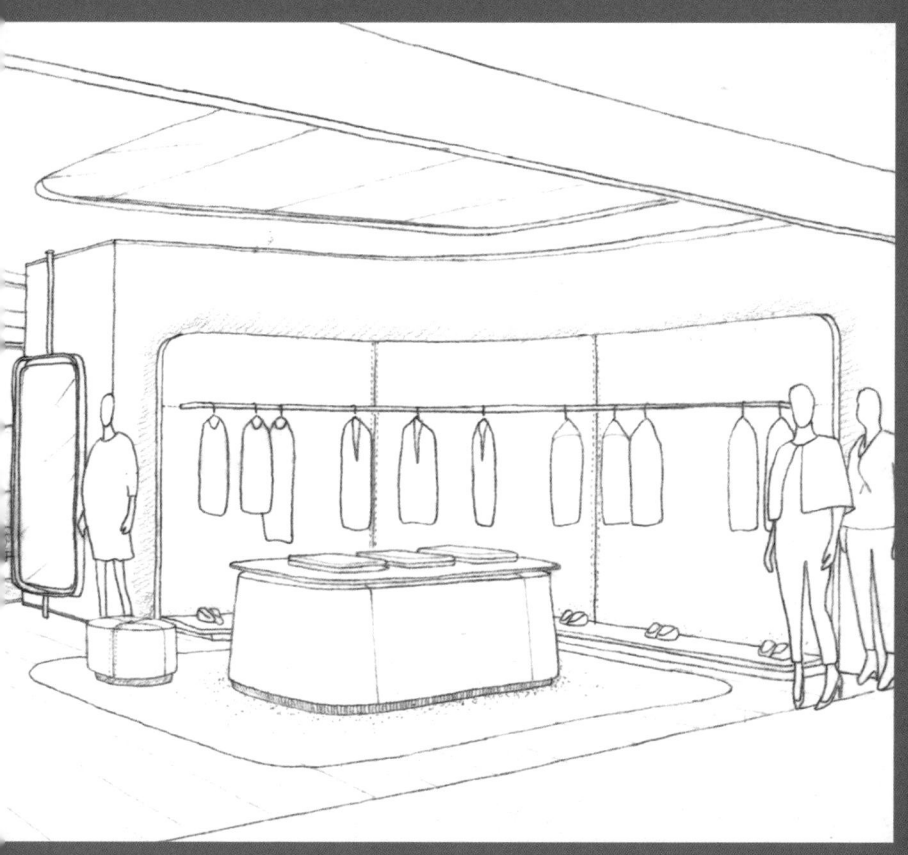

KUHO concept store

The time of the imagination

06

〈구호〉의 현대백화점 무역센터점

공간 너머의 공간에는 무엇이 있을까?
플래그십의 정신을 잇는 콘셉트 스토어 공간에서
상상의 나래를 펼쳐봤다.

〈구호〉 플래그십을 성공적으로 마무리한 후 브랜드에서 자연스
레 〈구호〉 백화점 매장의 아우트라인을 잡는 일까지 함께 해달라는
제안이 왔고 인테리어, 패션업계, 여성복 브랜드에서 많은 관심을
보였다. 플래그십 매장에서 새로움을 보여줬다면, 콘셉트 스토어에
서는 어떤 창을 통해 그 새로움을 상상할 수 있도록 보여줘야 한다
고 생각했다. 처음 의견은 브랜드와 조금 달랐다.

"플래그십과는 다른 콘셉트 스토어를 만들어주세요."
"아니요. 이제 플래그십 스토어로 사람들이 〈구호〉 브랜드를 알
게 됐는데 어느 정도는 아우트라인을 맞춰야 할 것 같아요."

다만 백화점이라는 특성상 제한적인 부분이 있으니 그런 부분
을 고려해 절충안을 만들어야 했다. 어느 정도의 분위기는 가져가
되 너무 똑같이 가는 건 나도 동의할 수 없었다. 그래서 생각한 콘
셉트가 '상상의 시간을 갖자'였는데 이 말은 설치미술가 제니 홀
저가 했던 말이다. '지구 밖에 있는 세상을 상상하지 않으면 당신

Variation A

Back office

Sales area

Variation B

VIP Lounge

Sales area

은 행복할 수 없고 다른 사람에게 신뢰를 주지도 못한다'는 뜻이다. 〈구호〉가 나아가고자 하는 핵심 키워드는 미니멀minimal과 컨템포러리contemporary, 밸런스balance, 콘트라스트contrast, 웰메이드well-made, 콤포트comfort였다. 이런 톤은 직접적인 디자인으로 밀고 들어가는 것보다 조금 더 간결한 방식으로 단어의 이미지를 상상하게끔 하는 것이 맞는다고 생각했다. 예를 들어 플래그십 스토어의 사진을 거는 방식이 아니라 투박한 콘크리트 소재 사이에 투명 유리가 드문드문 끼워져 있어서 그 어슴푸레한 초록색의 단면을 통해 '저 뒤에 무언가 있지 않을까?' 하는 호기심을 자극하는 것이다. 러프한 마감과 슬릭하고 깔끔하게 잘린 유리 소재의 대비가 그런 느낌을 주기도 하기 때문이다. 여러 소재로 제안이 들어갔지만 주어진 예산에서 좋은 효율을 낼 수 있는 소재이기도 했다. 바닥에는 돌을 갈아서 만든 초록색 콩자갈을 써서 대비를 맞췄다. 디자인은 월로 풀어낸 A 타입, 매스를 따로 만들어준 B 타입, 좀 더 작은 공간에서 활용할 수 있는 C 타입 총 세 가지 버전으로 풀었다. 길고 공간 여유가 조금 있는 곳에서는 길을 따라 뒤로 들어가서 고객들을 유도하는 공간을 만들었고, 그런 여유가 없는 매장에는 매스에서 힘을 느낄 수 있게끔 독자적인 공간을 구축한 것이다.

콘셉트 스토어의 경우 어느 백화점에든 쉽게 들어갈 수 있도록 만들어야 하기 때문에 A, B, C, 여러 가지 타입으로 개발했다. 플래

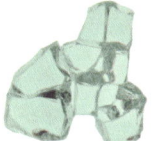

The light   The transparency   The mass

소재로 표현하는 공간의 이미지

그십에서는 가이드라인이 따로 없지만, 콘셉트 스토어의 경우 가이드 단계에서 우리 팀이 빠졌을 때에도 기존의 것을 참고해 다른 시공 업체가 만들 수 있도록 하는 것이 목적이었다. 총 160장, 두툼한 백과사전처럼 가이드라인 키트를 만들어드렸다. 타입별로 정리한 도면들, 거기 해당되는 자료, 시공 방식과 오픈 프로세스, 실무자들의 체크리스트, 소소한 소품을 사는 연락처까지 쭉 정리했다. 언제 어디서든 가이드라인을 보면 똑같이 만들 수 있도록. 매번 새로운 콘셉트 스토어를 열 때마다 우리에게 연락하실 수는 없으니까. 그렇게 공들여 만든 자식 같은 가이드라인을 보내고 나니 기분이 좋았다. 브랜드에서 요청이 있었던 건 아니지만 "〈구호〉라는 큰 작업의 마무리를 짓습니다. 그동안 감사했습니다"라는 나름의 표현이었다.

떳떳한 디자이너 되기

백화점 작업을 싫어하는 분들이 많다. 시공 범위가 좁은 데다 제한은 많고, 예산이 많이 책정되지 않는 편이기 때문이다. 나 또한 그런 생각을 갖고 있었지만 〈구호〉 플래그십을 했으니 콘셉트 스토어로 화룡점정을 찍자는 생각이 들었다. SI 팀에서 계속 개발을 하고 있고 오픈할 때마다 오픈 보고서를 받고 있다. 현대백화점 신촌점, 무역센터점 내에 우리가 작업한 〈구호〉 콘셉트 스토어가 문을 연 이후에는 삼성물산의 고문님이 따로 전화를 주기도 하셨다. "지금까지 백화점 매장 중에 가장 예뻤다. 백화점이라는 방해요소가 많았을 거라 큰 기대를 하지 않았는데 잘 끌고 가줘서 고맙다"고.

〈구호〉의 공간을 이끌면서 여타 여성복 브랜드에서 정말 연락이 많이 왔다. 하지만 연이어 바로 다른 프로젝트를 하지 않았던 이유는 이 프로젝트를 끝내고 해야 한다는 생각이 있었기 때문이다. 의리라기보다 특히 디자인을 하는 사람이라면 지녀야 하는 소신이라 생각했다. 〈구호〉가 오픈한 후 한 분기가 지나서야 다른 일을 시작할 수 있었다. 〈구호〉의 공간적인 아이덴티티를 함께 만들어간 작업이기 때문에 여전히 각별하다.

지금도 어떤 브랜드에서 신규 사업에 대한 디자인 제안을 주실 때 지금 하고 있는 프로젝트와 겹칠 때가 있다. 그럴 때는 솔직하게 말씀을 드린다. "현재 비슷한 일을 맡고 있기 때문에 어려울 것 같습니다"라고. 대부분 이해해주시지만 기분 나빠하는 분들도 있다. 하지만 어쩔 수 없는 부분이라 생각한다. 반대로 생각하면 그것이 〈종킴디자인스튜디오〉를 믿고 맡겨주시는 이유이기도 할 테니까.

2. 명名, LUXURY
고귀한 것에 빛을 더하는 일

06 KUHO concept store
The time of the imagination

COLOMBO store

Combining timeless values

07

시대를 뛰어넘는 가치를 조합하는 것.
명품 브랜드에 빛을 더하는 일은 여기서 시작한다.

〈콜롬보COLOMBO〉는 가장 작업해보고 싶다고 생각해온 브랜드
중 하나였다. 가장 큰 이유는 보석처럼 정성 들여 만드는 〈콜롬보〉
제품의 퀄리티에 믿음이 있기 때문이다. 이탈리아에서 80년 전통
을 자랑하는 명품 브랜드를 국내 기업이 인수해 잘 운영하고 있는
것 또한 흥미로운 부분이었다. 몇 년 전 인기를 끌었던 드라마 〈별
에서 온 그대〉에서 여주인공이 메고 나온 가방으로 화제가 되기도
했는데, 젊은 층이 선뜻 다가가기에 사악한(?) 가격대인 데다 각종
수입 브랜드들을 쉽게 접할 수 있는 경로가 다양하게 열리면서 국
내에서 〈콜롬보〉의 이름은 조금씩 잊히고 있는 실정이었다. 그래서
인지 청담동에 열었던 플래그십 스토어가 몇 년 안 가 문을 닫는 등
우울한 변화의 시기를 겪고 있었다.
　백화점 내 〈콜롬보〉 매장 리뉴얼 작업은 다른 디자이너들이 맡아
서 진행하다 두 번 정도 불발되었고 그 상태에서 급하게 제안이 왔
다. 한남동 〈구호〉 매장을 작업한 후였다. 이선희 〈콜롬보〉 크리에
이티브 디렉터님과 마영범 고문님 등 취향이 확고한 분들의 시선
그리고 브랜드의 심기일전하여 다시 제대로 보여주고 싶은 마음
을 잘 헤아려야 했다. 한국 브랜드 중에는 이런 고가의 브랜드가 없

었기 때문에 브랜드를 더욱 완벽하게 분석하고 이해하며 접근해야
했지만, 주어진 시간은 2주 남짓. 빠르게 핵심을 잡아야 했다.

시대를 뛰어넘은 디자인

〈콜롬보〉에 대한 갈망이 항상 있었기 때문에 콘셉트는 생각보다
빨리 잡혔다. 어렵게 생각할 수도 있었지만 평소 백화점 내 입점한
〈콜롬보〉 매장을 보며 어떤 부분이 수정됐으면 좋겠는지 뚜렷한 방
향이 있었기에 그걸 해결하자는 생각을 먼저 노트에 옮겼다. 한 주
반 정도 만에 스케치북에 그린 스케치를 들고 클라이언트와 만나
캐주얼하게 얘기를 나눴다. 해외 브랜드의 경우 본사에서 가이드라
인이 오기 때문에 사실상 디자이너가 할 수 있는 부분이 많지 않은
반면 〈콜롬보〉는 그런 부분에서 좀 더 자유로웠다.

내가 제안한 핵심은 '시대를 뛰어넘은 디자인Timeless Design'이었
다. 이전에는 젊은 층이 소비하기엔 다소 무거운 분위기의 가방 브
랜드 이미지였다면 더 젊게 해석한 디자인 제품군, 퍼를 비롯한 기
타 액세서리를 함께 효과적으로 보여줄 수 있는 공간을 만들고자
했다. 전통과 현대를 연결해주는 공간을 표현할 방법을 고민했다.
이선희 크리에이티브 디렉터가 〈콜롬보〉를 담당한 후 브랜드는 기

2. 명名. LUXURY
고귀한 것에 빛을 더하는 일

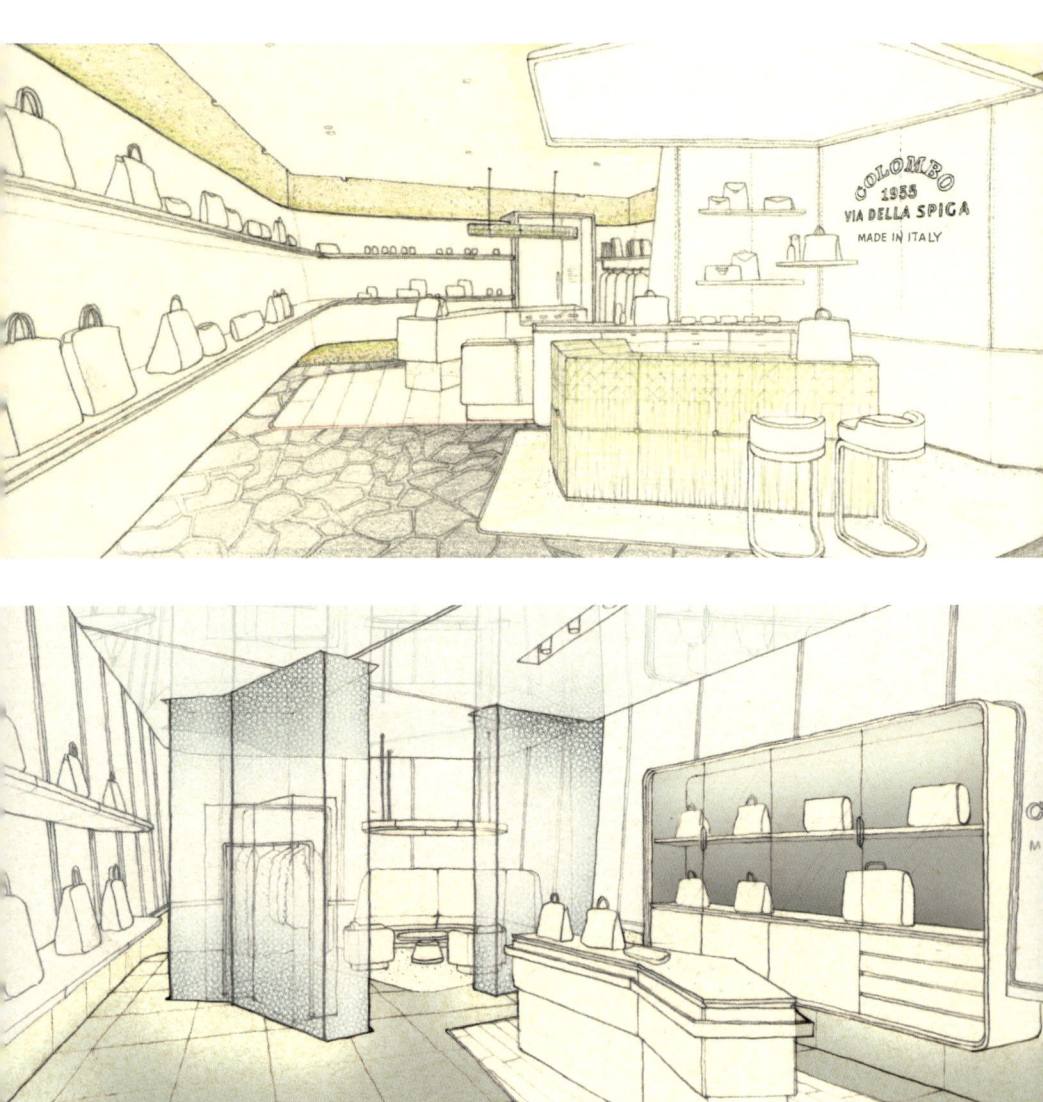

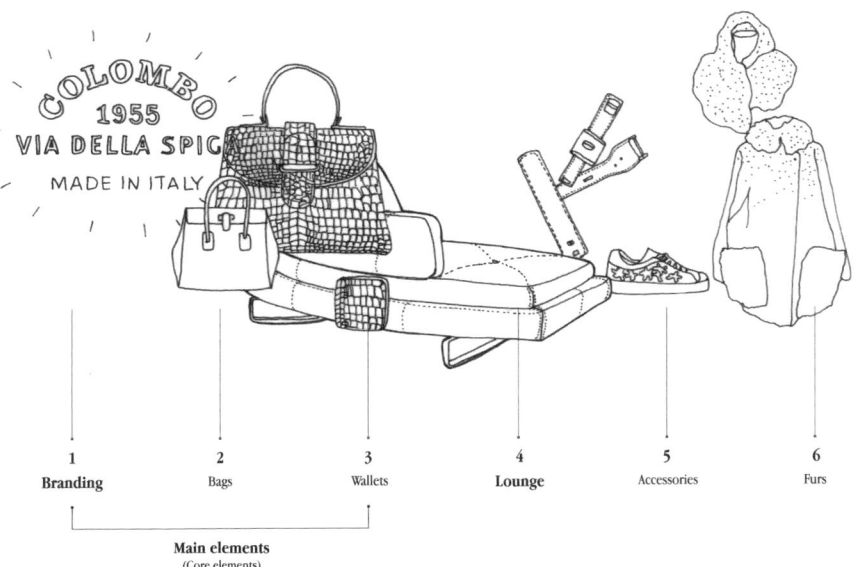

1	2	3	4	5	6
Branding	Bags	Wallets	**Lounge**	Accessories	Furs

Main elements
(Core elements)

다이아몬드의 가치는 원석을
세공하는 기술에 있는 것

존의 노블 하고 클래식 한 이미지를 가져가면서 시크하고 젊은 기운을 많이 불어넣고 새로운 고객층에게 다가갈 다양한 시도를 하고 있었다.

앞서 디자인을 맡았던 다른 디자인 업체들은 악어가죽의 본질에 대해 많이 집중했다고 했다. 재료, 소재의 본질로 접근해 그 특징을 살리는 데 신경 쓴 것이었다. 그런 점도 놓칠 수 없었지만 그보다도 후반 작업이 더 중요하게 다가왔다. 최상의 재료를 사용하는 그 본질적인 부분도 중요하지만, 이것을 어떻게 가공하는지, 어떻게 마감하는지 그 장인정신에 집중하는 것이 더 핵심이라 생각한 것이다. 유려한 선으로 떨어지는 실크 드레이핑, 꼼꼼하게 다듬은 유리와 돌, 소위 '피아노 도장'이라고 부르는 요즘엔 잘 쓰지 않는 반짝이는 목재 마감 등 가공된 재료로만 매장을 꾸며 장인정신의 끝을 보여주면 좋겠다는 생각이 들었다.

소란스럽지 않은 공간

기존의 매장은 제품이 고가이고 악어가죽이란 패턴 자체가 클래식함에도 제품의 장점을 부각하지 못하는 디스플레이였다. 어디를 봐야 할지 모르게 가방과 밍크코트, 액세서리, 라운지가 얼기설기

07 COLOMBO store
Combining timeless values

07 COLOMBO store
Combining timeless values

섞여있는 느낌. 브랜딩부터 잘못됐다는 판단에 가장 먼저 브랜드의 전체적인 분위기를 만나고 다음에 가방을 보고, 쉬다가 액세서리와 퍼를 볼 수 있는 동선이 나오게 만들기로 했다. 공간에 단계를 준 것이다. 일주일 반 정도 주어진 시간 중 초반 일주일 동안 앞단을 어떻게 만들지 계속 고민했다. 보고서는 7장밖에 되지 않지만 직접 손으로 그리고 고민했던 흔적이 녹아있어서 클라이언트들도 내가 제안한 VMD의 중요성에 공감했다.

가장 처음 리뉴얼이 들어간 곳은 서울의 현대백화점 무역센터점 내의 매장이었다. 입면에서 전통과 현대를 연결해주는 요소를 넣을지 평면에서 그 요소를 넣을지 고민하다 입면에서 풀어보기로 결정하고 벽의 윗부분은 현대적인 대리석, 아랫부분은 전통적인 마감재를 사용하고 그 사이를 잇는 선은 메탈을 썼다. 처음엔 대리석이 아닌 악어가죽 무늬를 본뜬 유리를 개발해 넣을까 했는데 샘플을 만들어보니 호불호가 명확히 갈려 대리석으로 가게 되었다. 벽은 사선으로 떨어지게 만들었는데, 가방이 디스플레이 되는 공간도 층마다 약간의 각이 달라지며 좀 더 집중도 있게 바라볼 수 있는 연출을 시도했다. 이 가벽 뒤의 기본 벽 마감은 실크 소재 패브릭을 사용했고 요트를 만들 때 이용되는 피아노 도장 기법으로 만든 진열장 다리 부분은 거울 소재를 이용해 공중에 떠있는 듯한 착시효과를 주었다. 옛것과 현대적인 것의 세련된 조화를 원했기 때문이다.

매장의 대부분은 간접조명을 쓰고 진열장에는 가방을 돋보이게
할 직접조명을 달았다. 원래 백화점은 전체적으로 눈이 부실 정도
로 환한데, 그에 비해 매장의 전체적인 조도가 확연히 낮은 편이라
집중도를 위해 이를 선택했다. 이런 효과들이 모여 고객이 입구를
따라 들어왔을 때 브랜드 분위기를 종합적으로 느끼고, 차차 제품
의 가치와 세세한 부분을 발견하게끔 도움을 주는 것이다.

나는 〈콜롬보〉의 제품을 패션 잡화나 의류로 보지 않고 고귀한
보물이라 생각했다. 그런 귀중한 물건을 선보이는 공간이라는 것에
중점을 맞추고 진행하는 데는 크게 어려움을 느끼지 않았다. 다만
벽을 사선으로 하는 것처럼 가용 공간을 줄여가면서까지 디자인을
유지해야 하는가에 대해 클라이언트를 설득하는 과정이 어려웠다.
개인적으로 〈구호〉 매장보다 더 만족도가 높았던 작업이었다. 요즘
리테일 숍을 가면 대개 비슷비슷한 스타일이고 정확한 색을 지닌
외국 브랜드 매장 스타일을 따라 하는 정도인데 〈콜롬보〉 매장은
정확한 색깔과 명확한 방향성을 지니고 색과 재료의 마감, 표현 방
식 등을 개성 있게 풀어낸 독특함이 있기 때문이다.

신세계 S concept store

The final frontier

08

마지막 경계선,
S의 새로운 문화와 세계를 만나는 여정

TV를 즐겨 보는 편은 아니지만 인물들의 특징을 나타내주는 옷을 유심히 보곤 한다. 최근 몇몇의 드라마를 보며 일하는 여성들, 전문직 여성들의 의상에 대해 호기심을 느끼던 찰나 신세계에서 신생 여성복 브랜드를 론칭한다는 소식을 들었다. 이름은 기억하기도 발음하기도 쉬운 〈S〉. 새로운 브랜드를 만드는데 백화점에 입점될 첫 공간 작업을 함께할 수 있느냐는 의뢰였다. 〈S〉의 옷은 마치 당당한 여주인공의 모습을 상징하듯 힘 있게 다가왔고, 나는 거절할 이유를 찾지 못했다.

알을 깨고 나온 여성복 브랜드

첫 미팅은 브랜드의 개발실에서 진행됐다. 의상실에서 초청해준 덕분에 이제 막 개발 중인 옷을 보며 얘기할 수 있어서 좋았다. 신규 브랜드에 대한 걱정, 서로가 새롭게 시작하는 것에 대한 두려움이 있었지만 초기 단계부터 계속해서 발전해가는 모습을 지켜볼 수 있었기에 브랜드에 대한 이해도를 높일 수 있었다.

08 신세계 S concept store
The final frontier

신세계 〈S〉

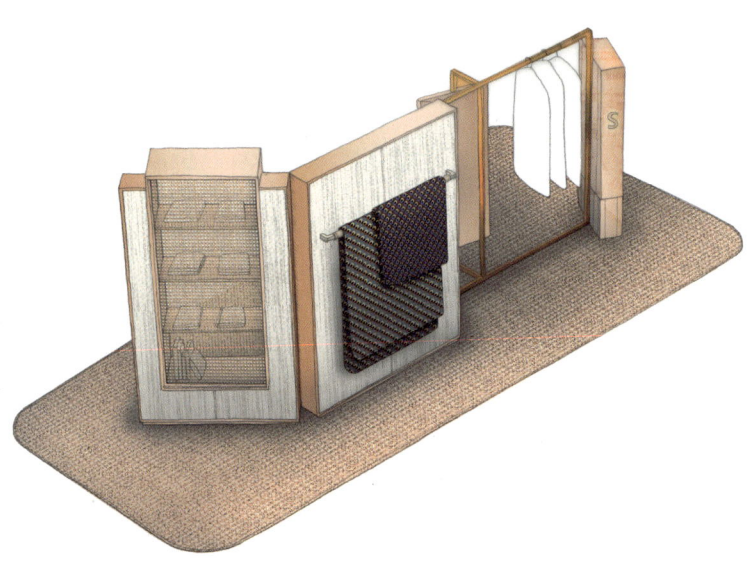

내가 느낀 〈S〉의 키워드는 극과 극이 만나는 지점이었다. 일과 여가시간, 남자와 여자, 이상과 현실, 딱딱하고 전형적인 스모킹 테일러와 여유 있게 풀어헤친 웨어러블 웨어 사이의 혼돈. 〈S〉에는 이런 상충되는 요소가 공존하고 있다. 여성복, 남성복이란 구분이 무색하게 알을 깨고 나온 느낌이었다. 이런 옷이 주인공인 공간을 어떻게 풀어야 할까? 결국 어느 한쪽에 초점을 맞추고 더 무게를 두는 것이 중요한 게 아니라 극과 극의 요소가 함께하며 한 방향을 향해 나아가는 느낌을 살리는 것이 핵심이겠다고 생각했다. 정적이고 따뜻한 자연적인 소재에 차갑고도 딱딱한 소재를 섞어서 기존에 보지 못한 조합이면 좋겠다고 생각했다.

클라이언트가 처음 제안한 느낌은 '미드센추리'였다. 국내에선 10년 전 열풍이 불었다가 요즘 다시 관심을 받으며 인기가 식을 줄 모르는 스타일이다. 1950~60년대 유행했던 디자인 가구와 그 감성을 통칭하는데, 사실상 미국, 영국, 북유럽, 일본 등 다양한 국가의 미드센추리 시대 디자인이 있기 때문에 하나로 규정할 수 없는 스타일이기도 하다.

다만 기능과 실용성을 중심으로 매끄러운 선의 디자인이 돋보이

"반대가 끌리는 이유?"

던 시기라 할 수 있다. 그 시절의 분위기를 살리기 위해 붉은 톤의 나무를 사용해 나무의 따뜻한 성질과 질감을 느낄 수 있는 면 소재를 더하고 싶었다.

돌이나 시멘트의 거칠고 차가운 무채색 느낌을 조금씩 섞었지만 돌 소재는 너무 남성적이란 의견이 있어서 살짝 변경해 진행했다. 먹먹한 분위기로 색이 많이 빠진 나무와 조직감이 있는 패브릭을 사용했고, 이 두 가지 다른 소재 사이에 전신 거울을 달아 아치형 연결을 하도록 했다. 이 브랜드가 첫선을 보일 곳이 신세계 강남점, 광주점, 팝업스토어 등 앞으로 백화점에서 자주 마주하게 될 공간임을 상상하며 공간을 그렸다.

이 프로젝트에서 주목할 점은 공간을 구성할 때 MD 라인을 파괴했다는 점이다. 기존 여성복 브랜드가 통상적으로 하듯 MD 라인이 맨 앞 단에 나오는 것이 아니라 고객이 매장에 들어오는 동선을 따라 들어가며 MD 라인을 배치한 것이다. 백화점이지만 뻔하지 않게 가구와 집기류 위주로 매장을 꾸몄다. 그럼에도 사람 키보다 높은 아치형 거울 앞에 옷을 걸어 보여줌으로써 제품에 대한 집중도는 높일 수 있게 만들었다. 매장 앞 단에 거울이 있으면 안 된다는 업계의 미신을 깬 것이다.

새로 론칭하는 브랜드와 함께할 때는 여러 변수가 생기기 마련

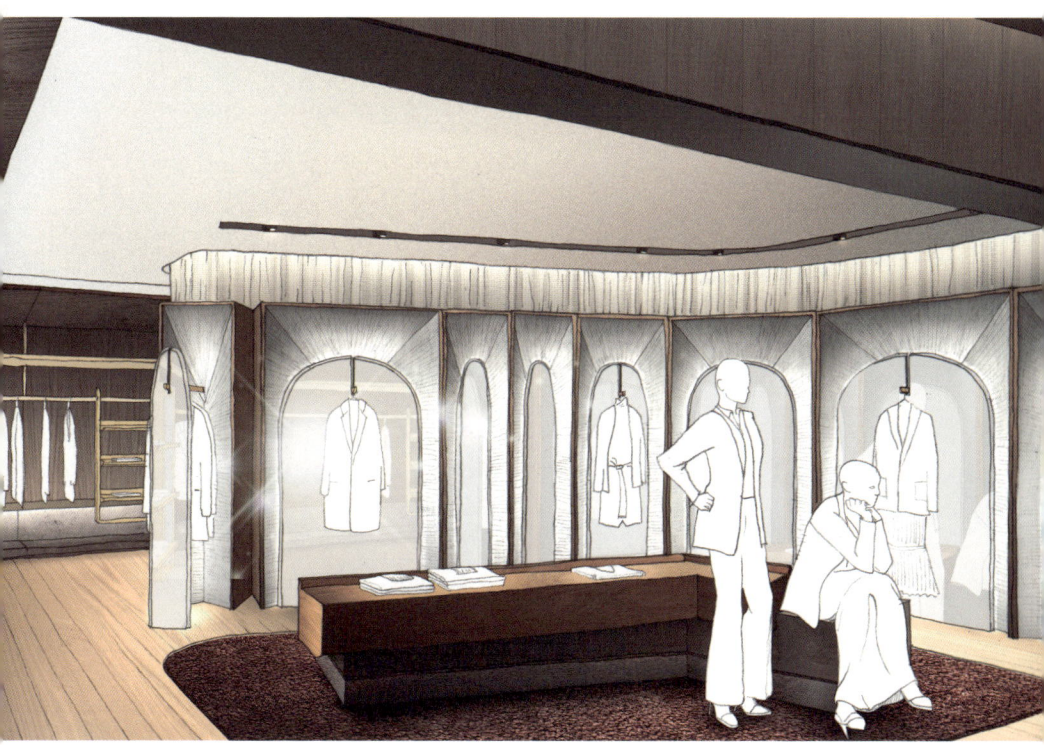

2. 명名. LUXURY
고귀한 것에 빛을 더하는 일

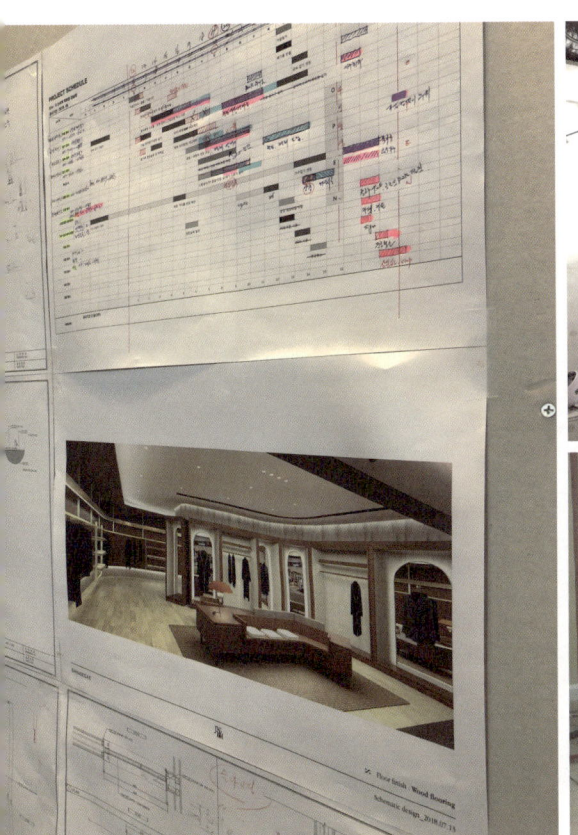

2. 명名. LUXURY
고귀한 것에 빛을 더하는 일

이다. 인테리어 경험이 없을뿐더러 대개 주어진 시간도 짧다. 이 프로젝트는 두 달 만에 문을 열었으니 쉴 틈 없이 달려야 했다. 브랜드에서도 공간을 처음 기획하는 것이기 때문에 그 중압감과 예산적인 부분에 대한 스트레스가 있었는데 그런 부분을 함께 나누며 템포를 맞추려 노력했다.

이런 경우 공간디자이너가 일을 도와주는 제3자의 입장이 아니라 함께 속해 있는 일원으로서 브랜드가 잘됐으면 좋겠다는 마음으로 임한다면 일의 효율도, 성과도 좋아진다. 일하는 여성의 아름다움을 표현하는 〈S〉. 겉만 번지르르한 게 아니라 내면의 아름다움까지 표현할 수 있는 옷을 위한 공간이다.

3부 점店, BUSINESS : 곁에 두고 싶은 공간

디자인 가구 편집 매장, 레스토랑, 카페는 작지만 우리 일상에서 즐거움을 주는
꼭 필요한 공간들이다. 규모가 큰 프로젝트가 아닌 소박한 개인의 상업 공간이
라도 내게 의미와 흥미를 줄 수 있다면 기꺼이 함께한다. 때로는 공간의 정체성
을 함께 잡아가며 공간으로 사람과 추억을 선물했다.

Interlogue flagship store

The beauty of brand strategy

09

디자인 브랜드가 가진 독자적인 힘을 보여주는 공간은
따로 또 같이 아름답다.

2017년 3월 문을 연 북유럽 라이프스타일 편집 매장 〈인터로그〉
는 서울에서 처음 김종완이라는 이름으로 사무실을 준비 중일 때
작업했던 공간이다. 지인의 소개로 〈인터로그〉 윤수정 대표님을 만
나서 인사를 하게 되었는데 조촐하게 연 〈종킴디자인스튜디오〉 오
픈 파티 때 인사를 나누고 인연을 맺게 됐다. 윤 대표님은 당시 리
빙 매거진의 핵심 일원으로 활동하다 평소 관심분야였던 라이프스
타일 쪽으로 방향을 전환할 때였고 리빙 제품에 관련해서 이해도
가 높고 아는 디자이너도 많았다. 그럼에도 불구하고 나의 손을 잡
아주신 이유는 오로지 가능성 때문이었다. 첫 인연이라 남다른 애
정이 있어서였을까. 나도 대표님도 의욕이 넘쳤다. 프랑스와 한국
에서 작업한 내용을 보고 "나도 처음이고 종완 씨도 새로 시작하는
시기이니 둘의 시너지를 믿고 작업을 해보자"라고 말씀하셨다. 그
렇게 일이 시작됐다.

북유럽 라이프스타일 편집 매장 〈인터로그〉

"새로운 시작을 함께 열다"

있는 그대로 아름다운 건물을 만나다

같이 부동산도 보러 다니고 이 장소를 선택할지 말지에 대한 결정도 함께 했다(물론 내가 제안한 장소를 선택하진 않으셨지만). 최종적으로 논현동에 있는 공간으로 결정이 났다. 스위스에서 활동하는 이동준 건축가의 〈스토커 리 아키테티Stocker Lee Architetti〉가 설계한 건물이었는데 건물 자체도 아름답고 유럽에서 공수해 온 마감재로 마무리한 정성스러운 공간이었다. 그만큼 분위기가 지닌 힘이 셌기에 그걸 어떻게 조절하느냐가 중요했다. 〈인터로그〉는 〈노만 코펜하겐Normann Copenhagen〉, 〈무토Mutto〉, 〈펌리빙Ferm Living〉 등 북유럽 디자인 가구를 다루는 곳이기 때문에 두 이미지가 충돌하진 않을까 고민이 됐다. 당시 이미 몇몇 북유럽 편집 숍이나 브랜드 매장이 들어와 자리를 잡은 상태였고 강렬한 공간에 스타일이 명확한 디자인 제품들이 들어와야 하니 작업 초반엔 더 욕심이 났다.

콘셉트를 보고할 때 옵션을 세 개로 제안했고 마케팅 방식도 여러 가지로 드렸다. 옵션 1은 향으로 마케팅하는 방식, 옵션 2는 자체 제작한 유니폼에 관한 방식, 옵션 3의 경우는 시장에서 영감을 받아 음식들과 함께 디스플레이 하는 방식이었다. 이 중에서 첫 번째 제안이 선택되었다. 그런데 곰곰이 생각해보니 제품, 공간도 색이 있는데 나까지 색을 내서 존재감을 드러내버리면 그건 턱없는

욕심을 부린 것으로 보이겠다는 생각이 들었다. 항상 강조하는 말
이지만 상업 공간의 미덕은 클라이언트가 물건을 잘 팔 수 있어야
하는 것이 최우선이기 때문에 건물 본래의 미감을 살리되 마감 부
분에서 나의 역할을 살짝 보여주자는 목표를 다시 세웠다. 화려하
지 않지만 없으면 허전하고 있으면 완전히 달라 보이는, 그런 매력
적인 방점 말이다.

어떤 디자인을 좋아하세요?

　'색을 줄이자.' 그것이 결론이었다. 건물의 지하 1층부터 3층까지를 〈인터로그〉가 운영하고 4, 5층은 건물주가 사는 구조의 건물을 광범위하게 다루는 작업이었기 때문에 색이 복잡하게 쓰이면 방문객에게 혼란을 줄 수 있겠다고 판단했다.

　그런 시그니처 색으로 브랜드별 공간을 만들었다. 이렇게 색으로 공간을 정리하면 통일감도 있고 정돈된 느낌이 든다. 물건에 더 집중할 수도 있다. 영국의〈콘란 숍The Conran Shop〉이나 프랑스의〈Merci〉등도 재질과 색을 이용해서 공간을 표현하고 있는데, 인터

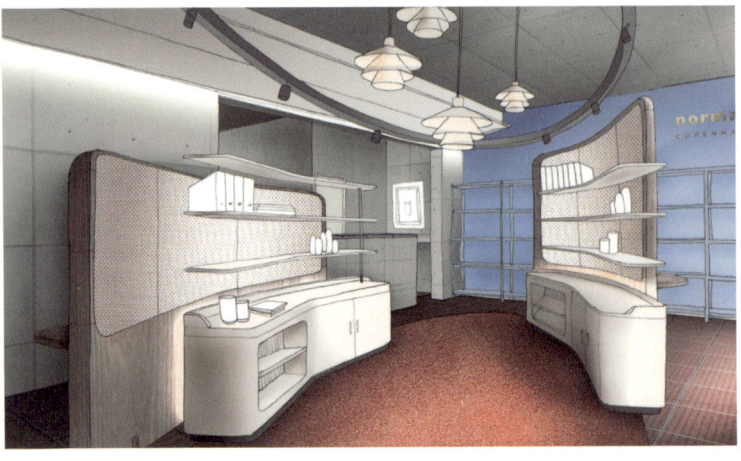

가구를 가장 돋보이게 하는 무대인 1층

로그는 색과 마감재로 공간을 표현하고 싶었다. 사실 북유럽 가구의 스타일을 좋아하는 편은 아니었다. 오히려 프랑스, 이탈리아 등 중남부 유럽의 묵직하고 무게감 있는 가구를 더 선호하는 편이었는데 일을 할 때 좋아하는 것만 작업할 순 없으니까. 매장에 들어왔을 때 "여기 공간디자인 정말 독특하다"라는 말을 듣는 게 잘한 디자인이라고 생각하지 않는다. 그보다 그 매장의 물건이 먼저 보이게 하는 것, 그걸 도와주는 중간 단계가 디자이너의 역할이라고 생각한다.

옷 고르기보다 어려운 가구 고르기

실제 매장은 2차 보고 때 제안한 것과 거의 유사하게 구현될 수 있었다. 입구와 바로 연결되는 1층에 들어서면 가운데 무대 같은 VMD 공간이 등장하는데 매 시즌 가구 트렌드가 한눈에 보이도록 연출할 수 있는 '메인 스테이지', 창밖에서도 볼 수 있는 첫 번째 무대였다. 여기서는 그때그때 가장 잘 보여주고 싶은 제품을 어필할 수도, 인테리어 제안을 할 수도 있었다. 가구 고르는 건 정말 어려운 일이다. 그래서 보통은 한 세트를 통째로 사거나 인테리어를 맡기곤 한다. 마네킹에 입혀놓은 옷을 통째로 사는 것처럼. 많은 사람이 이케아를 좋아하는 이유도 그와 크게 다르지 않다고 생각한다. 〈인터로그〉처럼 멀티브랜드 편집 매장에서는 브랜드별, 분류별 공간을 확실하게 가져가야 한다고 생각했다.

1층의 나머지는 노만 코펜하겐의 브랜드를 상징하는 파스텔 톤 하늘색으로 칠해 스테이셔너리, 액세서리 등을 모아둘 수 있도록 했고, 공간 안쪽의 벽면은 초록색을 칠한 후 거울이 달린 쇼케이스 장을 넣어 제품의 360도를 보여줄 수 있도록 만들었다. 벽에 가벽을 쳐서 그것을 지탱하는 다리를 만들어 넣는 것과 '트랙 라이팅 Track Lighting'이라는 조명을 달아 벽의 테두리 선을 따라서 빛이 나올 수 있게 한 것이 나름 비장의 무기였다. 특히 다리를 단 가벽은 도전이었다. 벽이면서 가구 분위기를 연출할 수 있는 방식으로 '나는 인테리어 마감재지만 무겁지 않아요'라는 느낌을 주었다. 매장에 처음 들어섰을 때 제일 먼저 무대 위 주인공이 보이고 점점 배경에 시선이 옮겨가며 더 들여다보고 싶게끔 유혹하는 것. 그게 목표였다.

매 층마다 메인 쇼케이스가 될 만한 부분을 설정했다. 기다란 한쪽 벽면 전체를 쇼케이스로 활용해 의자 컬렉션을 일렬로 쭉 전시한 공간인 지하의 '인터로그 월Interlogue Wall'이 그런 의도였다. 디자인을 비슷하게 흉내 낸 의자들과 진품을 구별하는 방법이 있다. 바로 의자 뒤의 숨겨진 디테일 혹은 아래에 각인이나 브랜드 로고를

확인하는 것이다. 전시 선반마다 아래에 거울을 달아 앞에서 보면 보이지 않는 의자 아랫부분까지 볼 수 있도록 했다. 일종의 배려이자 재미 요소였다.

지난해 〈무토〉의 CEO가 〈인터로그〉를 방문한 후 굉장히 만족해했다. 다른 국가의 〈무토〉 매장과 비교했을 때 〈무토〉를 가장 잘 보여주는 것 같다는 말이 감동적이었다. 나 또한 서울에서의 작업 중 가장 먼저 문을 연 공간이다 보니 특별한 애정이 있는 곳으로 기억한다. 비록 사진에서 눈에 확 띌 정도로 나의 색이 강렬히 드러나진 않지만 그만큼 브랜드가 더 산다는 뜻이기에 의미가 있는 기분 좋은 공간이다.

Annam restaurant

The third space

10

베트남 레스토랑 〈안남〉

여러 장소성과 문화가 공존하는,
어디에도 속하지 않은 제3의 공간이다.

이태원 소월 길의 베트남 음식점 〈레호이Lễ hội〉는 미식을 다루는
프로그램에 소개될 정도로 많은 고객을 둔 명소이다. 감각 있는 젊
은 사장님들의 음식솜씨는 물론 직접 페인트를 칠하고 소품을 달
아 아기자기하게 꾸민 작은 공간은 마치 현지에 온 것 같은 착각이
들게 한다. 규모가 큰, 프리미엄 베트남 음식점을 하고 싶다는 계획
과 함께 두 사장님이 우리 스튜디오를 찾아오셨다. 이번엔 그동안
자신들이 만들었던 공간과는 차원이 다르다고 판단한 터였다. 베트
남 음식을 좋아하고 그 나라를 좋아하는 나로서는 굉장히 흥미로
운 제안이었다.

2017년 3월 말경 문을 연 베트남 레스토랑 〈안남〉은 브랜드 시
나리오부터 다시 짠 큰 프로젝트였다. 레스토랑이 있는 건물은 오
래되어 낡은 상태였고 전에 은행이 있던 자리로 외관 한 면이 둥그
런 통유리로 되어 있는, 변형이 어려운 형태였다. 기존 벽을 다 헐
고 새로 작업해야 하는 대공사가 예상되었다. 그런데 어쩐지 그곳
에 처음 발을 들이는 순간 이 공간이 번잡한 도심과 양재천을 이어
주는 다리 역할을 한다는 느낌이 들었다. 머릿속에 이 공간을 어떻

게 바꿀 것인가에 대한 그림이 뭉게뭉게 그려졌고 어떻게 손님을 맞이하고, 또 어떤 태도로 영업을 할 것인가에 대해 전반적인 컨설팅이 거미줄처럼 이어졌다.

식민지 건축의 매력

가장 먼저 떠오른 아이디어는 베트남의 '식민지 시절'이었다. 식민지 건축물은 부정적인 단어이지만 다르게 생각한다면 동남아도 유럽도 아닌 '제3의 공간The third space'으로 해석할 수 있었다. 역사적으로는 아픈 공간이지만 그 아픔에서 빚어진 건축과 장소는 그 시간이 남기고 간 중요한 역사적 흔적과 이야기가 있는 공간으로 평가받는다. 예컨대 영국의 지배를 받았던 홍콩은 동양 문화를 기반으로 자라난 영국식 문화와 건축물이 어떤 하나의 이미지로 규정할 수 없는 독특하고 오묘한 분위기를 풍기며 여행객들의 마음을 사로잡는다. 한때 영국의 경찰청으로 쓰였던 건물을 미술관으로 운영해 수감장이 전시장이 된다든가 하는 이벤트는 설명하기 힘든 감정을 불러일으키기도 했다. 그런 불가해함, 긍정과 부정이 혼재하는 경계 속에서 그 어느 것에도 치우치지 않고 담담히 새로운 현재를 살아가는 모습이 식민지 건축의 매력인 것 같다.

"어디에도 없던 공간을 만들자"

10 Annam restaurant
The third space

또한 다른 의미의 대표적인 제3의 공간이 바로 공항과 터미널이다. 수속을 밟고 나면 거긴 한국도 아니고 외국도 아닌 공간이 된다. 프랑스에서 졸업논문의 주제가 '식민지 콤플렉스'였다. 나조차도 식민지에 대해서는 불편한 인식이 아직 짙지만 공간을 다루는 사람의 눈으로는 식민지 때 지어진 건축이나 공간에서 독특하고 묘한 매력을 느낀다. 베트남의 식민지 시절은 프랑스도 아니고 베트남도 아닌 시간이라고 생각한다. 옛 서울역, 시청 건물처럼 베트남에도 그런 장소가 굉장히 많다. 그걸 좀 더 유연하게 살려보자는 생각이 들었다. 브랜드 로고, 메뉴판에서도 입국 수속 심사를 받고 도장을 찍고 여행을 온 듯한 느낌을 받을 수 있도록 디자인했다.

또 하나 고려해야 하는 장소성은 바로 지역적 특색이었다. 도곡동, 양재천 생활권이라는 장소의 분위기를 생각해야 했다. 손님의 입장에서 생각했을 때 베트남 거리에서 볼 수 있는 쌀국수 가게로 꾸미는 건 진부할 것 같았다. 전혀 다른 감각으로 눈을 확 사로잡는 이곳만의 특성을 개발하는 것이 중요했다. 이곳에선 나의 색깔을 좀 더 진하게 발휘해볼 수 있겠다고 생각했다. 그렇게 콘셉트를 고민하다 '외부의 것이 안으로 들어오다'라는 명제를 떠올렸다. 제3의 공간 이미지와 연결해 외부도 아니고 내부도 아닌 느낌을 주자는 것이었다. 더불어 대비되는 색깔을 써서 입체감을 주고 동양적이거나 흥미로울 수 있는 요소를 부분적으로 넣어 시선을 사로잡도록 했다.

3. 점店, BUSINESS
곁에 두고 싶은 공간

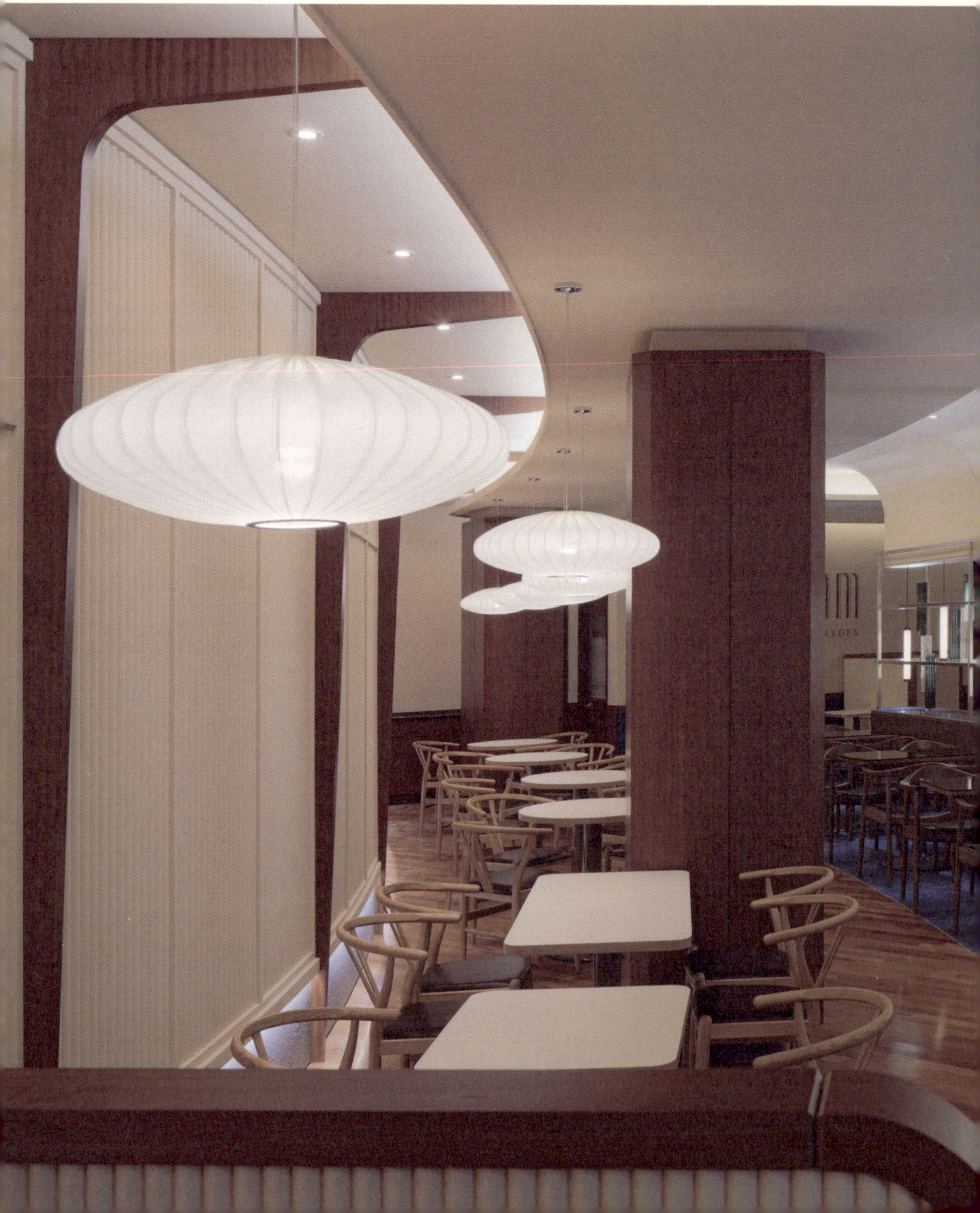

3. 점店. BUSINESS
곁에 두고 싶은 공간

"정말 아무도 하지 못할 공사였다"

클라이언트들은 견적서를 받곤 처음에 깜짝 놀랐다. 이런 대규모 공사를 해본 적이 없었던 터라 고급 공사를 성공적으로 마무리 짓기 위한 이른바 '밀당'을 많이 했다. 서로 고민도 많이 하고 중간에 다 털어내고 다시 시작하기도 했지만 결국 클라이언트가 우리의 제안에서 매력을 발견해준 덕분에 지금의 〈안남〉이 나올 수 있었다. 대신 〈안남〉 바로 옆에 있는 작은 커피집 〈오 커피O Coffee〉의 인테리어는 더불어 공간설계를 해드렸다. 식사 후 커피로 고객이 연결되는 이곳은 〈안남〉에 사용된 장미목을 조금씩 들여와 미묘한 연결성을 주었다.

나 여기 있고 너 거기 있지

〈안남〉의 색은 녹緣, 초록을 키워드로 삼았다. 매장 내부로 들어온 조경이 전체 분위기를 이끌어 내부에 있으면서도 외부에 있는 듯한 분위기를 연출하고자 했다. 녹색의 타원형 유리 오브제를 위해 정정훈 유리 작가를 직접 섭외했고, 몇 번의 샘플 테스트를 한 끝에 하나의 작품이 탄생했다. 나뭇잎 모양은 아니지만 녹음을 연상시킬 수 있는 디자인을 원했는데 빛이 투과되면서 프리즘 효과

213

를 주어 마치 동남아의 햇살이 빛나는 느낌, 우리가 베트남을 여행하고 돌아와 그리워하던 그 분위기가 잘 살아 만족스러웠다. 바닥에는 요즘 잘 쓰지 않는 붉은 계열의 장미목을 써서 고풍스러운 느낌을 끌어올렸다. 베트남 요리가 그렇지 않은가. 굉장히 다양한 제각각의 재료와 향신료가 들어가지만 조화롭게 어우러지며 깊은 맛을 내듯이 그 매력을 공간의 마감재로 표현했다.

유리 오브제 조명들은 천장에서부터 내려오는 유선형의 거대한 조형물에 매달려 있는데 이 함선 같은 모양을 만들기 위해 실제 선박을 만드는 팀이 합류했다. 금속의 끝을 이렇게 둥글고 매끈하게 다듬는 기술은 아무나 할 수 없었기 때문이다. 그렇게 만든 쇳덩이를 끌어다 천장에 붙이고 칠해서 완성한 공간이다. 낮과 밤에 조명으로 공간의 온도를 조절해 전혀 다른 분위기를 자아내고 낮에는 우아하면서도 해가 지면 더 은밀하고 호사스러운 느낌이 들도록 매력을 더했다. 공사 여건에서 가격이 올라간 이유 중 하나는 음식 냄새가 밖으로 새어나가지 않게 처리하는 필터를 넣었기 때문이다. 그런 디테일 하나하나 때문인지 공간이 주는 매력이 강렬하다. 오픈 후 반응이 정말 좋았고, 지금도 이 공간을 보고 우리 회사를 찾아오시는 분들이 많다.

"새로운 결과물을
만드는 일은 힘들지만
늘 설렌다"

　　백화점 식당가에서 입점 문의가 와서 부천점 내 매장 디자인을
이어서 맡게 되었다. 〈안남〉의 미니 버전이라고 할까. 〈안남〉이란
브랜드를 만들고 플래그십 스토어를 열고 그 아래 숍인숍 개념이
이어지는 단계를 밟았다는 점에서 개인적으로도 의미있게 진행한
작업이었다. 두 사장님과 함께 남대문에 가서 직접 그릇을 골랐던
일, 오픈 당시 지인들에게 부탁할 '오픈 선물 리스트'를 만들던 일
도 소소한 재미 중 하나였다. 〈안남〉이 문을 열고 나서 이전의 클라
이언트 분들에게 연락을 받기도 한다. 누가 봐도 디테일이 많이 들
어간 것 같은데 "왜 우리는 그렇게 안 해줬느냐"라고.

Alter Ego & Autrui

The effectual clue

11

요리하는 박준우의 새로운 공간.
그를 만나고 알아가는 과정은 공간에 대한
명백한 실마리가 되었다.

박준우 셰프의 탐미주의 공간

　박준우 셰프의 팬이라면 한번쯤 그가 유창하게 프랑스어를 구사
하는 모습을 보았을 것이다. 그의 매력에 빠진 분들이 아마 꽤 있
으리라 짐작이 된다. 그는 서촌에서 작은 와인바 〈오 그랑 베르Aux
grands verres〉를 운영하다 연희동에서 본격적인 요리 세계를 펼치고
있었다. 디저트 카페인 〈오트뤼〉와 프렌치 레스토랑 〈알테르 에고〉
가 각각 1, 2층으로 연결된 그 공간은 바로 내가 첫 번째 계약서를
쓴 장소로 부지에 건물이 올라가는 것부터 매일같이 공사장을 찾
으며 지켜본 자식 같은 공간이다. 〈종킴디자인스튜디오〉가 문을 열
었을 때 이곳과의 역사가 시작됐다고 해도 과언이 아니다. 스튜디
오 오픈 파티 날 박준우 셰프와 동업하시는 이인경 대표님이 파티
에 찾아와 오픈 선물로 같이 해보자고 계약서를 쓰고 가셨다. 사람
이 너무 많아 자리를 옮겨 계약서를 썼던 기억이 난다. 스튜디오의
시작을 대중적으로 많이 알려진 분과 함께 할 수 있어 영광이라 생

"자아와 타인, 그 끝없는 질문들"

각했다. 박준우 셰프와 우리에겐 공통점이 있었다. 그는 벨기에, 프랑스에서 유학했고 이인경 대표도 프랑스에서 와인을 공부했으니 우리 셋 사이엔 프랑스라는 연결고리가 있었던 것이다.

그래서인지 두 사람은 나에게 굉장히 프랑스적인 공간을 기대했던 것 같다. 하지만 나는 오히려 연희동에서 프랑스풍의 장식, 프랑스식 요소로 가득 채운 공간을 본다면 억지로 그 이미지를 끌어낸 것 같으리란 생각이 들어 정제하려고 많이 노력했다. 각 나라별로 프렌치를 대표하는 레스토랑이 정말 많은데 프랑스적으로 꾸미는 건 너무 뻔하니까. 우리나라 사람들이 봤을 때는 "프랑스적인 시크함이 있다"는 평가를 받고 싶었고, 외국 사람들이 봤을 때는 "프렌치 레스토랑인데 한국만의 특징이 있네"라는 전혀 다른 느낌을 주고 싶은 욕심이 있었다. 그 두 시선의 차이를 느끼게 하는 것이 숨은 목적이었다.

또 다른 자아와 당신의 이야기

불어로 '오트뤼autrui'는 '타인', '알테르 에고alter ego'는 '또 다른 자아'라는 뜻이다. 이 철학적 용어 때문에 많이 고민하기도 했지만 또 문제의 실마리를 풀어주기도 했다. 건물을 지으며 인테리어를 병행한 케이스인데 욕심이 나서 공사 현장에 매일 나갔다. 먼저 〈오트뤼〉는 디저트를 파는 공간이라 상대적으로 가볍지만 직접적으로 풀어내고자 했다. 사실 카페라기보다 '디저트 비스트로' 쪽에 가까웠다. 앉아 있으면 서버가 주문을 받고 디저트를 가져다주는데 손님을 더 환대하는 느낌이랄까. "내 공간에 온 걸 환영해"라는 태도를 정성스럽고 사랑스럽게 표현하고 싶었다. 다양한 요소의 비율 싸움이라는 생각이 들었다. 천장 가운데 원형 조형물을 달아서 이를 음식이 담기는 가운데 부분이라 생각하고 그걸 중심으로 예쁘게 풀려고 작업했다. 조형물 밑에 사람들이 앉고 여러 개의 방이 있는 것처럼 둥글둥글 저마다 공간을 형성하는 모양으로 메인 색상을 핑크로 제안했는데 그 색에 대한 부담감이 많아 베이지 계열로 많이 치중하게 되었다.

셰프님들과도 굉장히 많은 얘기를 나누었다. 어떤 오디오를 쓰는지, 스태프는 몇 명인지, 어떤 음악을 들려주고 싶은지 등 세세한 부분을 먼저 체크하는 '킥오프 리스트'를 먼저 작성했다. 박준우 씨가 내어준 코스 요리를 맛보았을 때 영감이 탁 떠올랐다. 한국에서 프랑스 식당, 파인 다이닝을 운영하는 건 어려운 점이 많다. 우리 식문화와 달라서 여전히 익숙지 않아 하는 분들도 있고 프랑스 음

11 Alter Ego & Autrui

The effectual clue

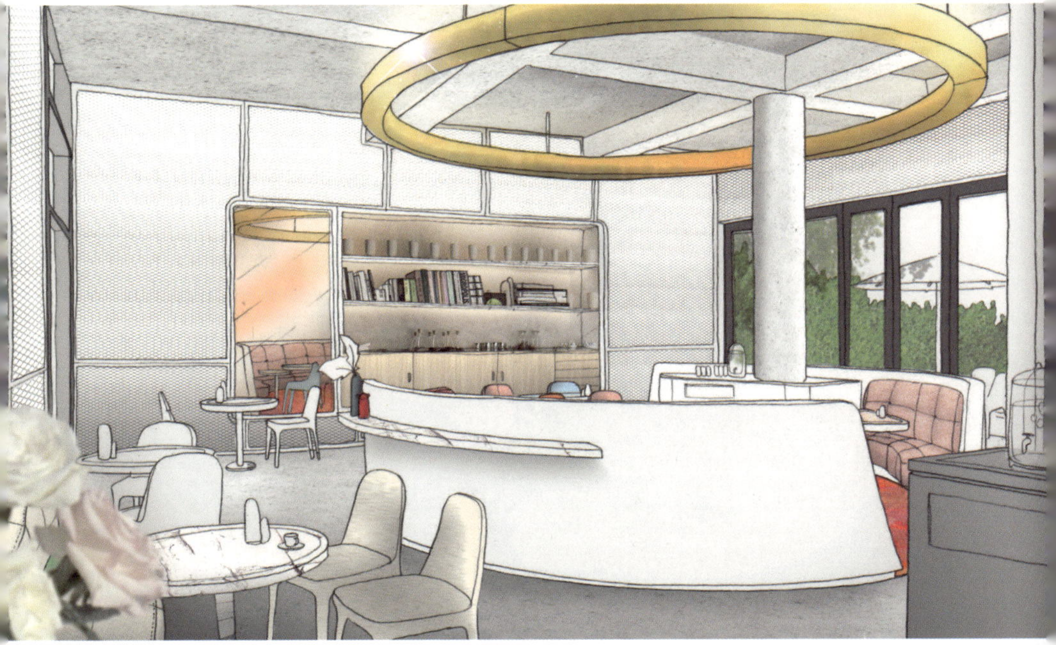

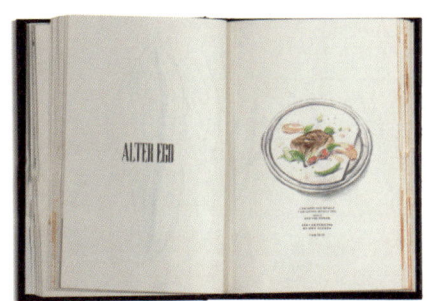

식을 먹었을 때 어떤 것이 맛있고 어떤 것이 맛이 없는지를 구분할
수 있는 대중적인 변별력은 한 끗 차이지만 시간이 걸리는 것이기
때문이다. 어떤 재료를 섞었는지, 어떤 향신료를 썼는지 그 한 끗
차이에 굉장히 미묘하게 달라지는 게 프랑스 요리이다. 그런데 박
준우 셰프의 요리엔 그 한 끗 차이가 담겨 있었다. 그의 음식에 대
한 철학과 진지함이 좋아서 그걸 어떻게 부각할 수 있을까 많이 고
민했다. 서촌에서 인기 있던 와인 바를 접고 모험적인 도전을 하는
것임에도 여유 있는 태도로 디자이너의 의견을 존중하는 모습에
감탄할 수밖에 없었다. 사진을 찍었을 때 단순히 깔끔하다, 나아가
다소 밋밋하다고 느낄지 모르지만 제대로 보면 디테일이 없는 곳이
없는, 박준우를 닮은 섬세함이 고스란히 녹아있는 공간을 만들고자
노력했다.

프랑스 음식과 고려청자

로고와 식기, 가구를 디자인하고 이 공간에 어울릴 음악을 골라
전달했다. 정말 세세한 부분까지 신경을 쓰려고 많이 노력했다. 식
기는 이취원 도예 작가, 가구는 〈바하테라〉라는 핸드메이드 가구
업체와 협업해서 만들었다. 몰딩을 고려청자 만드는 기법을 이용

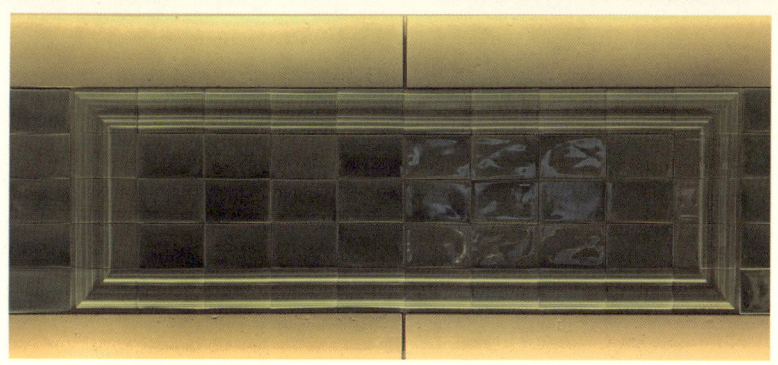

3. 접店, BUSINESS
곁에 두고 싶은 공간

해 타일을 만들어 넣었던 것이 가장 핵심이었다. 박준우 셰프의 개성 있는 캐릭터를 반영하려고 계속해서 의견을 조율했다. 청자의 색이 짙다는 의견이 있어서 더 연하게 뽑았고, 전체적으로 오픈된 주방을 만들어보려던 것을 창을 낸 것처럼 부분적으로만 열어두어 주방과 손님과의 적정 거리를 유지했다. 또한 레스토랑 공간이 원래 층고가 낮은데 안락한 느낌을 주기 위해서 더 낮게 만들자고 제안했다. 이 뜻을 전달하는 부분에서 어려움을 느꼈지만 믿고 승낙해주어 잘 진행할 수 있었다. 〈알테르 에고〉에 처음 들어서면 원래도 훤칠한 박준우 씨가 거인처럼 보일지도 모른다. 하지만 안내를 받고 두런두런 이야기를 나누다 보면 따뜻한 둥지 안에 들어온 것처럼 이내 포근함을 느낄 수 있을 것이다. 메인 홀에서 입구 옆으로 난 통로를 따라 와인 셀러가 있어 어딘가 미지의 세계를 탐험하러 가는 듯한 느낌이 든다. 누군가 "미래적인 느낌이 든다"고도 표현했는데 '자아'를 만나는 여정이라고 생각해주셔도 좋을 것 같다. 그 통로를 따라가면 짙은 나무문으로 여닫는 룸 세 곳이 나타난다.

이 작업은 참 즐거우면서도 욕심낸 만큼 많이 힘들기도 했던 작업이다. 스스로 이게 과연 공간디자이너가 하는 일이 맞는가에 대한 생각을 하기도 했다. 공사 진행 상황을 체크하고 작가들과 샘플에 대한 의견도 주고받으며 경기도 이천에 도자기 굽는 할아버지도 찾아뵀다가 타일 공장으로 가서 이렇게 저렇게 찍어도 보고, 유

약도 바르고 정말 한국에서 쉽게 시도해볼 수 없는 것들을 이 공간
을 연출하면서 해보았다. 프랑스에서 일하던 시절 익힌 감각을 가
장 많이 느껴볼 수 있는 공간 중 하나가 바로 이곳이 아닐까 싶다.
레스토랑이란 가장 기본적인 욕구를 충족하는 공간이고 본능을 해
결하면서 동시에 수많은 사람의 교감이 이뤄지는 곳이기에 그 콘
텐츠를 더 풍성하게 보여주는 것이 내 역할이라고 생각한다. 오늘
도 누군가 〈알테르 에고〉의 하얀 장막을 열어주길 기대해본다.

Leone

Never trust a skinny Italian chef

12

'마른 이탈리안 셰프를 믿지 마라.'
'이탈리안 레스토랑은 이런 것이다'라는 기대를
충족하는 동시에 고정관념을 깨고 싶었던 공간.

〈레오네〉는 경기도 일산에서 10년 이상 영업을 하고 있는 유명한
이탈리안 레스토랑이다. 일산의 터줏대감이라 할 만한 이곳의 이름
은 주방장인 김건유 셰프가 이탈리아에서 유학할 때 썼던 '레오나
르도'란 이름에서 따온 것이다. 레오나르도를 줄여서 '레오(사자)'라
고 불렀는데, 우리가 일상적으로 누구의 집을 '누구네'라고 부르듯
'레오네'라는 정감 가는 표현으로 이름을 지었다. 레오 셰프는 2호
점을 계획하고 있었고 전통적인 이탈리아 요리를 친근한 분위기에
서 즐길 수 있는 1호점에 비해 더 격식 있는 장소에서 파인 다이닝
을 즐길 수 있는 공간을 만들고 싶어 했다. 여러 업체에서 제안서를
받았지만 공간에 대한 애정이 큰 만큼 고심을 하던 중이었다.
　사실 김건유 셰프를 본 순간 아이디어가 떠올랐다. 워낙 풍채도
좋고 이탈리아 요리의 기본을 지키면서 새로운 메뉴 개발에도 힘
쓰는 레오 셰프의 모습은 이탈리안 요리의 새 지평을 열었다고 평
가받는 마시모 보투라가 쓴 책《마른 이탈리안 셰프를 믿지 마라
Never Trust a Skinny Italian Chef》에서 말하는 '셰프의 상징'을 떠올리게
했다. 푸근하면서도 믿음직스럽고 묵직한 이미지. 그를 본 첫 느낌

이탈리안 리스토란테 〈레오네〉

'마른 이탈리안 셰프는
믿지 마라'

이었다. 우리는 셰프님에게 두 가지 버전을 제안했는데, 그도 보자마자 우리가 처음 떠올렸던 디자인을 선택했다. "정말 독특한 거 같아요"라는 평과 함께 그렇게 작업이 시작되었다.

전통과 미래의 연결고리

이탈리아 음식하면 식재료 그 자체가 하나씩 떠오른다. 따뜻한 태양빛을 머금은 채소, 깊고 그윽한 트러플 향, 제대로 뽑은 탄력 있는 생면……. 레오 셰프를 만나서 얘기를 나누고 그 음식을 먹어 봤을 때 단박에 떠오른 아이디어가 '전통과 미래를 연결해주는 고리'였다. 〈레오네〉의 요리가 딱 그랬기 때문이다. 열쇠로 문을 열 듯 공간의 이미지도 한번에 그려졌다. 금박, 대리석, 나무, 유리, 금속 등의 클래식한 재료를 현대적인 건축공법으로 풀어내는 것이 핵심이었다. 요즘은 대리석 타일도 진짜인지 가짜인지 구분이 쉽게 되지 않을 정도로 리얼함이 있다. 게다가 가볍고 관리하기도 쉬워서 비용 절감을 위해 실제 대리석 대신 타일로 시공하는 경우도 많다. 그러나 셰프님도 우리도 진짜 대리석을 쓰길 원했고 천장에도 진짜 금박을 입히는 등 기본에 충실한 마감재를 써야 한다고 생각했다. 대신 유기적인 디자인으로 현대적인 느낌을 강조했다. 공

12 Leone
Never trust a skinny Italian chef

간을 연출하는 사람의 입장에서 기존 〈레오네〉가 역사를 보여줄 수 있다면 2호점은 그걸 베이스로 한 단계 더 나아가 일산 레스토랑의 미래를 보여줄 수 있었으면 좋겠다는 생각을 했다.

첫눈에 사로잡기

이 공간에서 가장 중심이 되는 이미지는 금박을 입힌 천장에서 이어져 내려오는 와인 쇼케이스이다. 보통 대부분의 레스토랑들은 와인 냉장고를 레스토랑 밖으로 빼놓지 않는다. 냉장고 자체도 보관하는데 목적을 둬서 디자인 측면에서 특별할 것이 없는 냉장고를 쓴다. 하지만 이탈리아 음식에서 와인을 빼놓을 수 없기에 〈레오네〉에서만큼은 와인을 함께 마시고 싶게끔, "여기는 와인 페어링이 정말 좋구나", "이런 와인들이 있네" 하고 첫눈에 마음을 사로잡고 싶었다.

마치 수족관처럼 유리로 된 와인 쇼케이스를 만들고 안과 밖의 온도 차로 인해 김이 서리지 않게 유리 안에 열선을 넣었다. 신선한 느낌을 강조하기 위해 하얀 조명을 사용하고 홀의 은은한 주황빛과 대비되어 좀 더 낯설고 재미있는 연출 효과를 주려 했다. 개인적으로 차가운 조명과 따뜻한 조명을 섞어 조명을 도구로 공간을 분

"구석구석 채우고 비우기"

와인 쇼케이스 및 메인 홀 전경

리하고 분위기를 전환하는 걸 굉장히 좋아한다. 대비가 있는 공간
이 집중도를 높여주기 때문이다. 하지만 아직까지 우리나라에서는
조명을 사용하거나 즐기는 데 과감한 편은 아닌 것 같다. 식사를 할
때 우리가 늘 봐오던 포근하고 아늑한 분위기를 가장 익숙하게 느
끼는 것처럼 말이다. 만약 공간에 대해 고민을 하며 조명 연출에 대
해 망설이고 있다면 도전을 두려워하지 말라는 말씀을 드리고 싶
다. 공간을 디자인하는 데 조명은 생각보다 큰 역할을 하기 때문이
다. 이 쇼케이스에만 굉장히 많은 비용이 투입되었는데 그 덕에 〈레
오네〉를 다녀오신 분들의 피드백 중에는 와인 쇼케이스에 대한 얘
기가 꼭 빠지지 않는다.

은밀한 공유 공간

프라이빗 하게 즐길 수 있는 VIP 룸 두 개, 그 사이에 세미 프라
이빗 공간이 하나 있다. 신개념 공간이다. 메인 홀과 VIP 룸을 이어
주는 중간 다리 같은 곳인데, 홀과 이어져 있지만 VIP 공간과 비슷
한 디자인으로 꾸며져 두 가지 분위기를 동시에 느낄 수 있다. 세미
프라이빗 공간과 VIP 룸은 전체적으로 묵직한 톤의 무늬목과 짙은
녹색을 사용해 무게감을 더하고, 천장 트랙 디테일은 예전 원목 가

semi private dining

완성도는 한 끗 차이

구를 조합하던 방식을 건축적인 디자인으로 불러들인 것이 특징이다. 특히 조명은 추후에 다시 바꿔 달았는데, 예산에 맞춰서 하기보다 한 끗 차이로 디자인이 어긋나지 않았으면 하는 바람에서 골드 라인 형태의 조명을 선택했다.

한편 오픈 주방이 트렌드이긴 하지만 분주하게 돌아가는 레스토랑의 속내를 적나라하게 보고 싶어 하지 않는 분들도 있기에 와인 쇼케이스로 주방과의 거리를 한 템포 늦춰주도록 해서 주방과 고객이 서로 방해받지 않도록 했다. 전체적으로 디테일에 많이 힘을 준 프로젝트이다. 금박을 입힌 천장에서부터 떨어지는 와인 쇼케이스의 라인, 금박을 이어주는 셰이프의 힘, 게이트의 사선형 손잡이 형태, 무늬목이 올라타는 라인과 메인 홀의 가죽 소파 등. 일산은 아직 힘 있는 공간에 목말라 있었기 때문에 이렇게 하나하나 잡아 가면서 이곳이 일산의 맥을 뚫어주면 좋겠다는 생각도 했다. 전반적으로 클라이언트도 만족하며 믿어준 덕분에 일이 잘 진행된 공간이었다.

Preseason cafe & bakery

Fade in Preseason

13

서촌은 아스라이 추억에 잠기게 되는 장소이다.
그곳에 쉼표가 될 커피 하우스와 작은 빵집.

요즘 경복궁, 서촌으로 산책을 가면 굉장히 묘한 기분을 느끼게
된다. 젠트리피케이션의 영향과 그 힘으로부터 이 지역을 사수하려
는 사람들의 고충, 전통과 현대가 줄타기하며 공존하는 모습을 볼
수 있기 때문이다. 통의동에 자리한 작은 카페 〈프리시즌〉의 대표
님과는 〈구호〉 프로젝트와 마찬가지로 2017년 서울리빙디자인페
어 때 인연이 닿게 되었다. 그는 직장 생활을 하다 그만두고 통의동
에 갖고 있던 오래된 연립주택에서 카페를 열기 위해 준비 중이었
다. 모친께서 여유롭게 커피를 마시며 책을 읽는 시간을 좋아하시
는데 동네에 그럴 만한 곳이 없어서 다른 동네까지 나가신다고 했
다. 눈치 보지 않고 편하게 쉬다 갈 수 있는 공간, 소위 '힙hip'한 트
렌드에 얽매이지 않는 딱 그 정도의 아늑함을 원했다.

그렇지만 이미 그는 다른 시공사와 작업을 시작했다가 크게 실
망한 상황이었고 두 번이나 중도에 그만둔 사연이 있었다. 그는 나
에게 상태를 한번 봐달라고 했다. 가보니 여러 가지 문제가 보였다.
클라이언트와 상의하지 않고 공사를 진행한데다, 헐지 않아도 될
벽을 허문 점이 특히 문제였다. 인테리어를 할 때 손꼽는 중요한 요
소 중 하나가 바로 클라이언트의 비용을 자신의 비용처럼 생각하

카페 〈프리시즌〉

고 작업하는 것이다. 그래야 정말 필요한 부분에 더 투자를 하고 버릴 부분은 과감하게 버릴 수 있기 때문이다. 다른 사람의 것이라고 생각하면 그만큼 보이지 않는 부분이 생기기 마련이다. 프리시즌은 규모가 큰 공간이 아니기에 이것저것 많은 걸 할 수 있는 곳은 아니었지만 그런 이야기를 듣고 그냥 지나칠 수 없었고 뭔가 디자이너로서 숙제를 받은 느낌이 들어 시작하게 되었다.

추억을 만들어드립니다

운동선수들이 시즌에 돌입하기 전 쉬면서 준비하는 기간을 '프리시즌'이라고 한다. 카페 〈프리시즌〉은 그 기간처럼 사람들이 쉬면서 다음으로 나아갈 에너지를 충전할 수 있는 공간이 되었으면 하는 바람에서 김한엽 대표가 지은 이름이다. 나도 간절히 그런 시간이 필요했기에 그의 의도가 굉장히 와 닿았다. 어떻게 콘셉트를 잡을까 고민하다, 가장 먼저 정한 것은 너무 튀지 않게 가야겠다는 생각이었다. 통의동 자체가 개성이 강한 동네였기 때문이다. 오래된 프랑스 여행잡지 《HOLIDAY》가 얼마 전 다룬 '서울' 편에서 아이디어를 얻었다. 골목골목 녹아있는 향수를 불러일으키고, 담벼락 사이로 오가는 소리들과 좋은 추억, 모두가 꿈꾸는 장소 등 여러 이미지가 그려졌다.

13 Preseason cafe & bakery
Fade in Preseason

"좋은 공간이란 행복한 추억을 선물해주는 곳"

내부와 외부를 차단하자

본래 외관은 회백색 벽돌의 연립주택으로 내부는 붉은 벽돌로 만들어진 공간이었다. 이런저런 고민을 하다 '굳이 전통적으로 풀 필요가 있을까?'라는 생각이 들었다. 그래서 내부와 외부를 차단하는 것을 큰 틀로 가져갔다. 자동차 시트지를 창문에 바르자는 의견이 나왔다. 선팅제에 주황색을 칠해 창문에 바르면 선글라스 낀 것처럼 보이는데 코팅이 되어 밖에서는 실내가 잘 보이지 않아 실내에 들어오면 따뜻하고 포근한 느낌이 들었다. 그런 분위기를 내려고 빈티지한 색감을 많이 썼다. 개인적으로 좋아하는 편은 아니지만 겨자색 소파, 주황색 아크릴 책장, 노랑과 그린, 헤링본 패턴 등을 이용했다. 이런 디테일 때문에 지역적 특징과 이질감이 덜 느껴졌다.

책 읽기 좋은 공간이란 강점을 살려보라는 의미를 담아 책을 돌려가며 읽는 프로그램을 제안드렸다. 책을 가져와서 커피를 마시고, 그 책을 두고 가면 다른 사람이 그 책을 읽고 다시 또 다른 책으로 채워지는 '책의 선순환'이 프로그램의 골자였다. 대표님은 굉장히 마음에 들어 하셨다. 책 읽기 좋은 공간을 만들 때 중요한 것이 바로 간접조명인데 모든 조명을 '브래킷'이라는 간접조명으로 연출

13 Preseason cafe & bakery
Fade in Preseason

해 책 읽기에 편안하면서 포근한 느낌이 들도록 했다. 로고는 우리
와 자주 작업하는 〈스튜디오 기오Studio Kio〉의 신기오 실장이 맡아
주었는데, 책의 북마크를 거꾸로 두어 프리시즌의 첫 알파벳 'P'를
형상화한 디자인으로 연결성을 주었다. 이 프로젝트를 마치고 나서
이 작업에 너무 매력을 느낀 우리 디자이너 중 한 명이 공사 과정을
책자로 만들어 대표님께 드렸다. 공사 초반부터 찍은 사진, 스케치
한 것, 작업 과정 등에 코멘트를 달아서 엮은 것으로 눈물 나는 책
이었다.

두 번째 추신

그렇게 완성을 하고 꾸준히 반응도 괜찮아서 다행이라는 생각을
하던 찰나 대표님이 다시 연락을 주셨다. 바로 옆에 빵집도 같이 하
고 싶다는 전화였다. '프리시즌의 베이커'를 줄여서 〈P.S. Baker〉.
〈프리시즌〉 바로 옆의 11평짜리 작은 공간이라 처음엔 대표님이
스스로 인테리어를 하겠다고 연락하신 거였다. 그렇게 전화를 끊었
는데 뭔가 계속 마음에 걸렸다. 왠지 시작은 내가 했는데, 마무리를
못하는 느낌이랄까. "네 단계 스텝을 과감히 줄여서 한 번으로 가
시죠." 그렇게 말씀드리고 결국 도와드리게 됐다. 천장이 한옥 지붕

"휴식 그 너머의 공간"

프리시즌의 베이커 〈P. S. Baker〉

양식으로 지어져 서까래가 남아있는 형태였다. 천장의 매력을 살리려 최대한 직접적으로 보여줄 수 있게 조명을 위로 쏘고 나머지 디자인은 아주 간결하게 들어갔다. 빵집에서 중요한 쇼케이스에 옛날 가구에서 볼 수 있는 나무를 조립하는 방식의 디테일을 넣고 나머지는 합판, 타일 등 심플하고 가벼운 요소들로 메웠다. 최소한의 비용으로 최대한의 효과를 낼 수 있는 방법은 원래 공간이 가진 힘을 극대화하는 것이다. 그것이 우리의 할 일이라 생각하고 작업한 프로젝트였다. 이곳에서 구운 빵은 테이크아웃하거나 바로 옆 카페 〈프리시즌〉에서 맛볼 수 있다. 빵 굽는 냄새가 더해져 좀 더 풍성한 기억을 만들어줄 수 있는 매력적인 공간이다.

4부 전展, Exhibition : 사라져도 남는 공간

전시 공간을 디자인할 때는 많은 제약 속에서 대상을 최대한 집약적으로 소개할 수 있는 효과를 고민해야 한다. 심지어 열린 공간에 수많은 부스가 경쟁하듯 붙어있기 때문에 공간의 매력으로 시선을 끌어들이는 것이 중요하다. 잠시 나타났다 사라지는 신기루 같지만 그렇기 때문에 더 뜻깊은 작업이다.

서울리빙디자인페어 2017,

디자이너스 초이스

Midnight tea at home

14

집으로 초대한다는 건 내 사소한 것까지
함께 공유할 준비가 되어있다는 것.
공간이란 그래서 의미심장하다.

'디자이너스 초이스'에 참여하기 전에는 '서울리빙디자인페어'가
어떤 행사인지 잘 몰랐다. 잡지《행복이 가득한 집》의 전시 기획 담
당자가 전시의 한 섹션인 '디자이너스 초이스'에 나가는 게 어떻겠
느냐고 제안해 준 것이 이 전시회의 존재를 알게 된 인연이었다. 초
청 전시였기 때문에 부스 대여 비용이 없고, 소정의 지원비가 나오
지만 결국 내가 작업을 하면서 비용을 들여야 하는 행사. 과연 내가
그 페어에 나가는 것이 맞는지 판단이 잘 서지 않아 고민이 되었다.
하지만 주변에서 "디자이너스 초이스는 아무나 나가는 게 아니다",
"유명한 분들, 이 분야에서 오래 입지를 다져오신 분들이 참여하는
것이다", "서울리빙디자인페어는 우리나라에서 하는 디자인 페어
중 제일 큰 전시회다" 등 모두가 이 전시가 얼마나 중요한 전시인
지 얘기하고 있었다. 다양한 얘기를 듣다 보니 많은 사람에게 나를
알리는 데에 목적을 둔다면 참여할 만한 가치가 있다는 생각이 들
었다.

차와 코냑의 밤

내가 연출하고자 했던 '디자이너스 초이스'의 주제는 '우리 집에 놀러 와'였다. 나는 '취미'를 테마로 사회적인 문제를 다루고 싶었다. 사회적 네트워크가 주는 긴장감에서 벗어나 좋은 사람들과 나누는 친밀하고 감성적인 시간을 느낄 수 있는 공간을 만들기로 한 것이다. 남자들의 취미는 굉장히 다양하지만 나의 경우 향기로운 차와 코냑을 마시며 따뜻하게 하루를 마무리하는 것을 좋아하기에 그 시간을 떠올렸다. 자정에 즐기는 나만의 다과시간인 셈이다. 많은 사람이 함께 있으면서도 휴대전화를 들고 SNS로 소통하는 현실이 안타까웠다. 나는 사람들을 집에 초대해 무언가를 만들어서 같이 먹는 것을 즐기는데 내가 직접 무언가를 만들어 내어주고 같이 맛보며 일상을 나누는 그 시간을 소중하게 생각한다. 그래서 '야간에 먹는 다과'를 콘셉트로 잡고 편안하게 즐기는 '코냑의 밤'을 만들었다.

우리 집에 놀러 와

고민하며 스트레스를 받다가도 이왕 하기로 했으면 제대로 하자

는 주의이다. 코엑스 컨벤션 홀에서 열리는 서울리빙디자인페어는 행사장 공간 특성상 전체적으로 조도가 높은 편이다. 우리는 자정의 어둑한 느낌을 살리고자 했기에 할당된 부스의 천장을 메우기로 결정했다. 천장을 막되 답답한 느낌이 아니라 공간과 어울리는 포근한 분위기가 들어야 했기 때문에 원형 틀을 제작해 천장을 막았다. 색을 화려하게 쓰는 편이 아니지만 이번에는 눈에 확 들어오는 보색도 많이 썼고 청록, 파랑, 빨강, 보라 등이 다 들어가서 컬러 콘트라스트가 정말 셌다. 그렇게 해놓고 자신이 없어 행사 시작 전까지 희석한 먹물 스프레이를 들고 있었다. 아차 싶으면 어둡게 덮어버릴 참이었다. 친한 분들은 자기 색깔을 보여주는 자리인데 저렇게 색을 많이 써도 괜찮겠느냐 했지만 그래도 밀고 나갔다.

둥근 라운지형 소파, 테이블, 트롤리가 있는 아늑한 공간에 하우스 오브 컬렉션이라는 아티스트 그룹에서 협찬 받은 현란한 카펫을 깔아 살짝 '야한' 느낌도 더했다. 대신 박준우 씨 레스토랑 〈알테르 에고〉에 썼던 타일, 베트남 레스토랑 〈안남〉에 사용했던 유리 펜던트 등 우리가 기존에 작업했던 곳들에서 사용한 마감재를 가져와 고유의 색깔을 입혔다. 코냑과 소품으로 쓴 크리스털 잔들도 집에서 쓰던 것들을 갖고 왔다. 벽면에 진열해둔 티는 〈떼오도르〉라는 프랑스 차 브랜드에서 함께 해주었다. 나와 팀원들은 밤에 방에

서 튀어나온 것처럼 전부 로브를 맞춰 입고 있었고, 배경 음악으로
는 'Cigarett After Sex'의 몽환적인 음악을 틀었다.

밤하늘에 달이 떠있다는 조금은 유치한 콘셉트로 풀었는데 사
람들이 우리 부스에서 떠나지 않아 꽤 난감했던 기억이 난다. 한편
에서 모유 수유를 하는 분, 발을 뻗고 잠을 자는 분, 휴식을 취하거
나 삼삼오오 얘기 나누는 분들이 많아 소파가 꽉 차서 나중엔 부스
를 제대로 볼 수 없을 정도였다. 이런 문제 때문에 주최 측에서 칸
막이를 좀 쳐야 하는 것 아니냐며 웃지 못할 해프닝도 벌어졌다. 하
지만 그건 기분 좋은 사인이었다. 나의 의도대로 사람들과 공간을

"우리 집에 놀러 와"

공유하면서 소통이 되고 있다는 뜻이었다. 직원들도 지인들을 초
대하고 클라이언트와 편하게 얘기 나눌 수 있었다. 어머니께서 오
셔서 소파에 앉았다 가셨는데 굉장히 좋아하셨다. 이런 행사는 아
무래도 사비를 쓰는 작업이다 보니 조금이라도 비용을 절감하려
고 애를 쓰게 되는데 클라이언트들의 심정을 이해할 수 있는 부분
이었다. 이 기회 덕분에 우리를 알리고 또 많은 분을 알게 되어 작
업으로 이어진 소중한 시간이었다. 무엇보다 아직도 팀원들과 곱씹
는 좋은 추억거리이기도 하다. 직접 원형 천장을 만들어 올리고 페
인트를 칠하고, 회사 전단지도 따로 만들고, 많이 웃고 재미났던 기
억이 있다. 비록 짧은 생명을 다하고 철거됐지만 잠깐의 경험으로
1년이 참 즐거웠다.

리빙앤라이프스타일 2017,

(주)대보세라믹스

Injecting the new energy

15

역사와 기술을 지닌 브랜드에 새로운 힘을 불어넣는 일,
공간디자인은 그 놀라운 일을 해낸다.

북한남동에 사무실을 오픈할 때 인근에 위치한 북한남갤러리의 송은실 실장님이 굉장히 많은 도움을 주었다. 내가 새로운 마감재 개발하기를 좋아하는 것을 아시곤 한 타일 회사를 알려주셨는데 그곳이 바로 (주)대보세라믹스이다. (주)대보세라믹스는 한국 사람이라면 한번쯤은 들어봤을 국내 굴지의 타일 기업이고 우리나라 타일 매출 top 3에 드는 꽤 큰 규모의 회사이다. (주)대보세라믹스의 박효진 사장님을 만나 소재 개발 관련으로 문의를 드렸으나 아무래도 대량생산을 주로 하는 회사다 보니 이런 개발을 하기는 조금 힘이 든다고 하셨다. 하지만 우리의 열정적인(?) 면을 좋게 보셨는지 다시 연락을 주셨다.

‘리빙앤라이프스타일’은 경향하우징에서 주최하고 일산 킨텍스에서 열리는 리빙, 인테리어, 라이프스타일 관련 박람회이다. 그중에서 가장 크게 주목하는 브랜드 기획관이 디자이너와 함께 협업해서 꾸미는 형태이다. 2017년도 브랜드 관을 (주)대보세라믹스에서 하게 됐고, 박효진 대표님이 예전에 나를 만났던 걸 기억하시고 함께 해보고 싶다고 연락을 주신 터였다. 주최 측이 제안한 디자이너를 다 거절하고 말이다. 그렇게 첫 미팅을 하게 되었다.

"만날 사람은 어떻게든 만난다"

첫 출장지, 충북 괴산

"저희가 괴산으로 갈게요."

대표님께 첫 미팅을 서울에서 하지 말고 충북 괴산의 공장에서 하자고 말씀드렸다. 공장에서 생산되는 프로세스와 회사 자체 내부의 분위기를 파악하기 위해서였다. 어마어마한 돌이 산처럼 쌓여있었고 분쇄기가 돌아가는, 말 그대로 거대한 공장이었다. 지금까지 ㈜대보세라믹스의 특징은 싸고 튼튼한, 대량의 견고한 타일을 만드는 곳이었다. 대부분 휴게소나 대형건물에 사용되었는데 2세 경영으로 넘어오면서 이런 전시행사를 통해 브랜드를 다시금 알리는 것이 필요했고 동시에 이미지 제고, 앞으로 나아가야 할 방향 등을 새롭게 모색하기를 원했다.

냉정과 열정 사이

브랜드에서는 타일이 방뿐만 아니라 주방과 욕실 등 여러 가지 공간에서 활용될 수 있다는 사실을 보여주고 싶어했다. '타일이 차가운 이미지라는 걸 깨자'는 게 목표였다. 사측에서는 나무 같은 따뜻한 소재와 묶어서 나가는 게 어떻겠느냐는 의견을 주셨다. 하지만 그 조합을 떠올리자 대비가 되어 타일이 더 차가워 보일 것 같은 느낌이 들었다. 그 점을 고려해 오히려 타일보다 더 차가운 소재, 금속으로 가자고 제안했다. 그렇게 되면 타일은 더 따뜻해 보이면서 금속과의 만남으로 모던함은 배가되리라는 확신이 들었기 때문이다.

  우선 브랜드 관 전체의 벽을 타일로 둘렀다. 그러고는 거실, 방, 주방, 욕실, 서재 등의 부스를 모듈로 만든 후 각각의 모듈을 젠가 형태로 조합했다. 이런 쇼케이스가 한 번의 전시행사 후 버려지는 것이 아쉬워서 제대로 만들어 후에도 그때그때 용도에 맞게 바꿔 가며 쓸 수 있도록 한 것이다. 이때의 모듈은 다 해체해서 제작도와 함께 브랜드에 넘겼고, 공장에 새로 설치되어 있다. 부스 하나하나를 유치하지 않게 풀려고 노력했다. 한 가지 걱정은 벽에 두른 타일들이었는데, 이 행사장에 방염처리를 한 후 날씨가 춥다 보니 잘 마르지 않은 상태에서 작업을 해야 했고 타일을 붙인 후 3일 만에 공사를 완성해야 했다. 그러니 타일이 잘 고정되지 않았다. 마지막 날까지 단단히 붙지 않았고, 아니나 다를까 행사 당일 새벽 5시쯤 타일이 떨어졌다고 연락이 왔다. 그나마 다행인 건 행사 전이라 누군가 다치지는 않았다는 것이다. 바로 현장으로 달려가 타일 하나하나마다 징을 박았다. 원래 하려던 게 아니라 떨어지지 말라고 급조

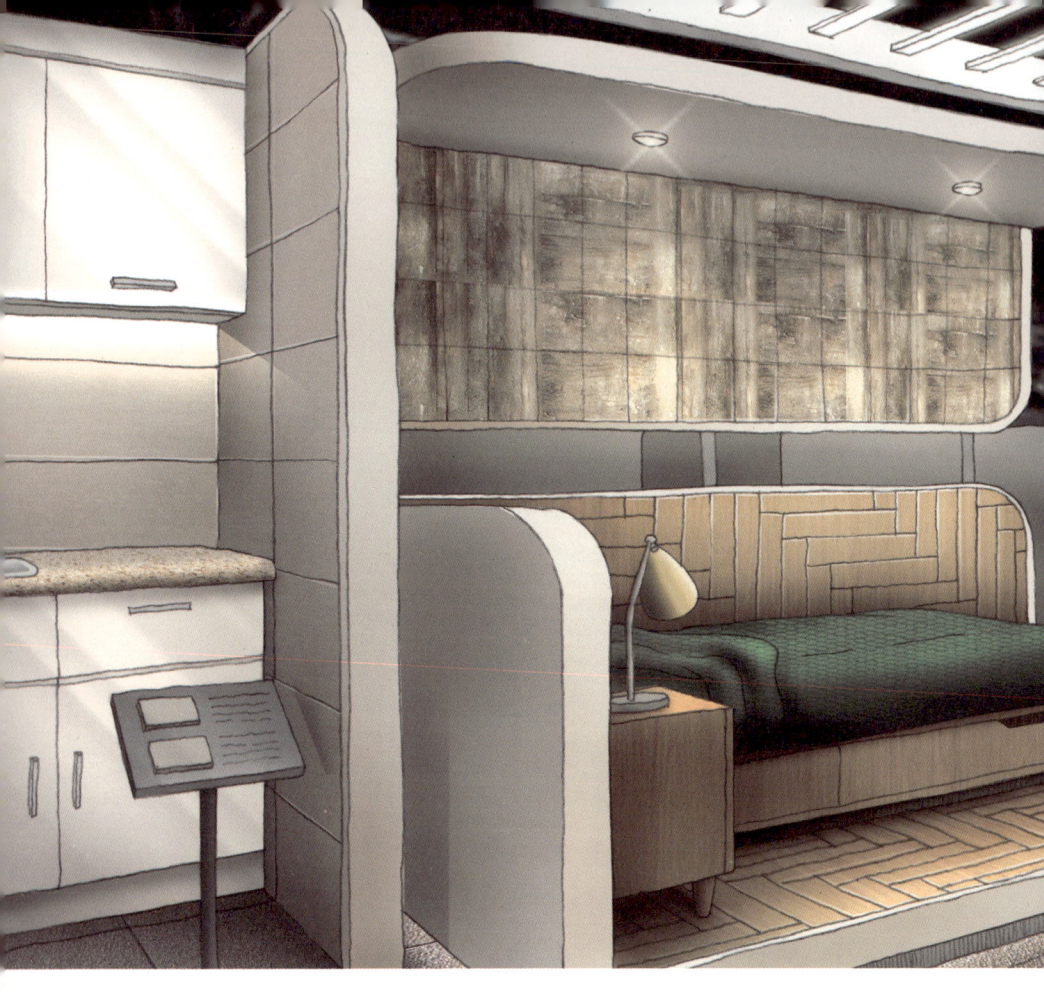

한 처치인데 "이렇게 시공할 수도 있네?"하며 좋게 보시는 분도 있었다. 이제 맘을 놓아도 된다고 했지만 다시 사고가 날지도 모른다는 걱정에 5일 내내 현장에 나가 있었다.

부스 입구에는 차가운 스테인리스 판에 브랜드의 철학과 역사를 새겨 넣었다. 안에 들어가는 소품은 일일이 협찬사를 알아봐서 채웠고 툴과 브랜드 로고도 바꿔서 들어갔다. 그리고 또 중요한 한 가지! 부스에 계신 관계자분들에겐 공장 유니폼을 입었으면 좋겠다고 제안했다. 사장님도 예외는 아니었다. 요리사에게는 조리복이 상징이듯 (주)대보세라믹스는 오랜 세월 공장에서 쏟은 땀과 노력의 결실이 그 상징이니까.

이 전시에서는 (주)대보세라믹스가 제일 돋보인 부스였다고 말하고 싶다. 우선 타일이 따뜻하게 보이게끔 하는 것에 성공했고, 세일즈도 1등이었기 때문이다. 그뿐만 아니라 많은 사람에게 타일의 단점을 완벽히 극복하고 장점을 제대로 부각했다는 평도 받았다.

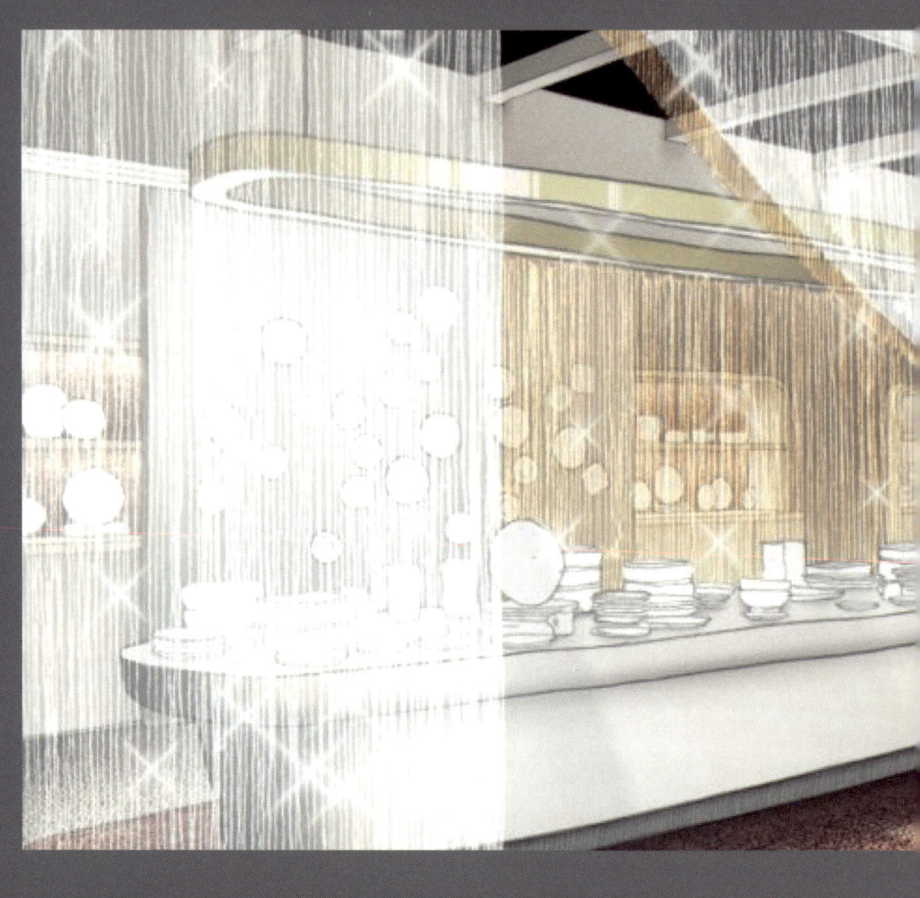

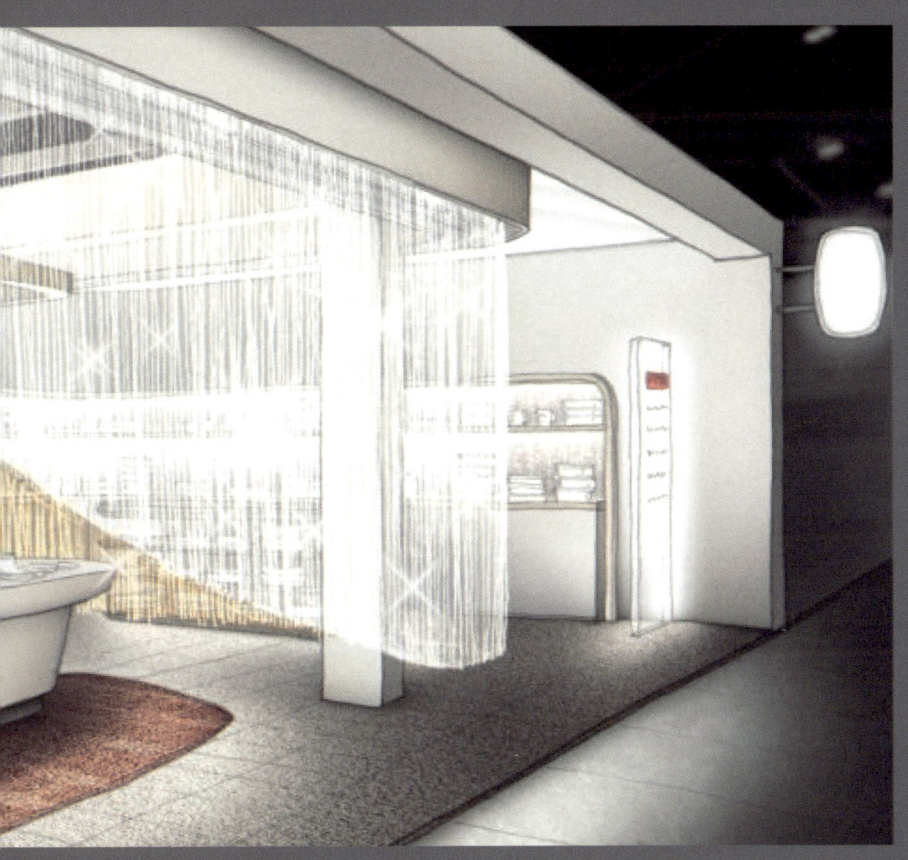

서울리빙디자인페어 2018,

코렐 브랜드

Serve in imagination

16

식기는 인간의 기본적인 욕구와 맞닿아 있는 도구이다.
그렇기에 이를 위한 공간디자인은 직관적이어야 한다.

프랑스로 유학을 가서 처음으로 혼자 살 때였다. 어머니가 밑반
찬을 보내주시며 그릇도 챙겨주셨는데 그때 보내주신 밥그릇과 국
그릇이 바로 〈코렐〉의 제품이었다. 먼 나라를 건너오면서도 깨질
걱정이 없는, 견고함이 느껴지는 식기였다. 어느 날 코렐 한국월드
키친에서 메일이 왔다. 뉴욕마켓스트릿New York Market Street이란 라인
업이 새로 출시되면서 2018 서울리빙디자인페어에 리빙아트 부스
로 참여하게 되었는데 처음 행사에 참여하니 도와줄 수 있겠느냐
는 내용이었다. 전해에 디자이너스 초이스에 선정되어 참석하기도
했었고, 주최 측인 디자인하우스 쪽에서도 나를 추천했다고 했다.

깨지지 않는 그릇의 틀 깨기

〈코렐〉 상무님, 마케팅 담당자와 함께 미팅을 했는데 두 분은 내
가 속으로 품고 있었던 코렐에 대한 이미지에 대해 가감 없이 말씀
하셨다. "모두 집에서 쓰고 있지만 브랜드는 거부한다. 기존의 고

객층보다 타깃이 젊은 연령대로 옮겨가야 하는 것이 숙제이다. 세일즈가 잘되고 있긴 하지만 고정 고객들만 이용하는 추세라 새로운 것을 도모해야 할 때이다"라고. 처음엔 고민을 많이 했다. 일을 가려서 하는 건 아니지만 취향이 비슷하거나 결이 맞아야 성공한다고 보는 주의라 과연 잘할 수 있을지 확신이 서지 않았고, 뒤에서 사람들이 수군거릴 것에 대한 두려움도 있었다. 하지만 늘 입버릇처럼 말해왔던 '브랜드를 홍보해주고 잘 팔릴 수 있게 만들어주는 게 내 역할이다'라는 철학이 떠올랐고 곧바로 해야겠다는 결심이 섰다. 시작은 애정보단 애증이었던 것 같다. 사랑보다 무서운 게 정이라고 하지 않는가. 작업을 하다 보니 점점 욕심이 생겼다.

　브랜드는 젊은 타깃을 유치하자는 단일 목적을 내세웠지만 나에게는 또 다른 갈증이 있었다. 〈코렐〉이 가정집을 벗어나 더 넓게 쓰이면 좋겠다는 생각이었다. 그래서 브랜드에서 "〈코렐〉로 꾸민 키친 형태로 풀자"는 의견이 나왔을 때 다른 방향을 제시했다. 대개 침구면 침실처럼, 욕조면 욕실처럼 이케아에서 하는 전통적인 방식으로 부스를 많이 꾸며놓는데 〈코렐〉은 그렇게 가면 안 된다고 생각했다. 가정에서만 쓰이는 게 아니라 파티 플래너는 파티에서, F&B 업계 사람들은 업장에서 사용할 수도 있는 거니까. 젊은 층의 이목을 사는 것도 물론 중요하거니와 〈코렐〉이 이렇게 다양한 공간에서 각기 다른 연출을 할 수 있는 브랜드이다'라는 힘을 보여주

"장막이 걷히면 뒤엔 무엇이 있을까요?"

는 게 핵심이라고 생각했다.

아브라카다브라

그렇다고 브랜드가 가진 특성상 부스를 대단히 미래지향적으로 꾸밀 수 없었다. 이런 페어에는 처음 나온 거라 예산도 넉넉지 않았고, 브랜드에서는 모험을 하고 있는 셈이었다. 우선 상상력을 자극하는 공간이 됐으면 좋겠다고 생각해서 실 커튼을 달아 가격적인 면과 효과적인 면, 시간적인 면 모두를 만족시켰다. 아이보리와 금색 실을 두 겹으로 늘어뜨렸는데 크로마키나 그린스크린처럼 면을 이루는 실들이 하늘하늘거리면서 내가 생각하는 공간이 만들어졌다. 커튼을 걷고 들어와 "아브라카다브라" 주문을 외치면 소원이 이뤄질 것만 같은 그런 느낌이 드는 멋진 공간이었다.

나중에 들은 이야기지만 실제 설치 모습을 보기 전까지 브랜드 담당자들은 실 커튼에 대해 너무 고급스러운 방향으로 가는 게 아닌가 걱정을 했다고 한다. 개인적으로도 오픈 하고 보니 유치하거나 과하게 보일 수 있겠다는 생각이 들었다. 한편으론 나의 경쟁사인 다른 디자이너들에게도 그렇게 보일까 신경이 쓰인 것도 사실이었다. 하지만 이 전시의 타깃은 동업계의 사람들이 아니라 일반

고객들이었으며 〈코렐〉을 모르는 사람, 혹은 〈코렐〉에 질린 사람이었기에 그들의 이목을 끄는 데 집중을 하는 것이 맞았다. 페어장을 오가는 사람들이 정말 많고 어떻게 보면 시장처럼 정신이 하나도 없는 공간에서 이걸 디자인적으로 정적이고 모던 하게 푼다면 다른 부스와 다를 게 없겠다는 생각이 들었다. 금, 움직이는 소재, 날아가는 듯한 곡선형의 테이블 등 상상력을 자극할 수 있는 요소를 가감없이 썼고, 꽤 좋은 반응을 이끌어냈다.

로고 브랜드를 부스의 사이드에 붙였다. 이걸 브랜드와 협의하기까지 굉장히 시간이 많이 들었다. 브랜드 입장에서는 로고를 사이드에 붙이는 게 말도 안 되는 일이니까. 궁금증을 유발해야 한다는

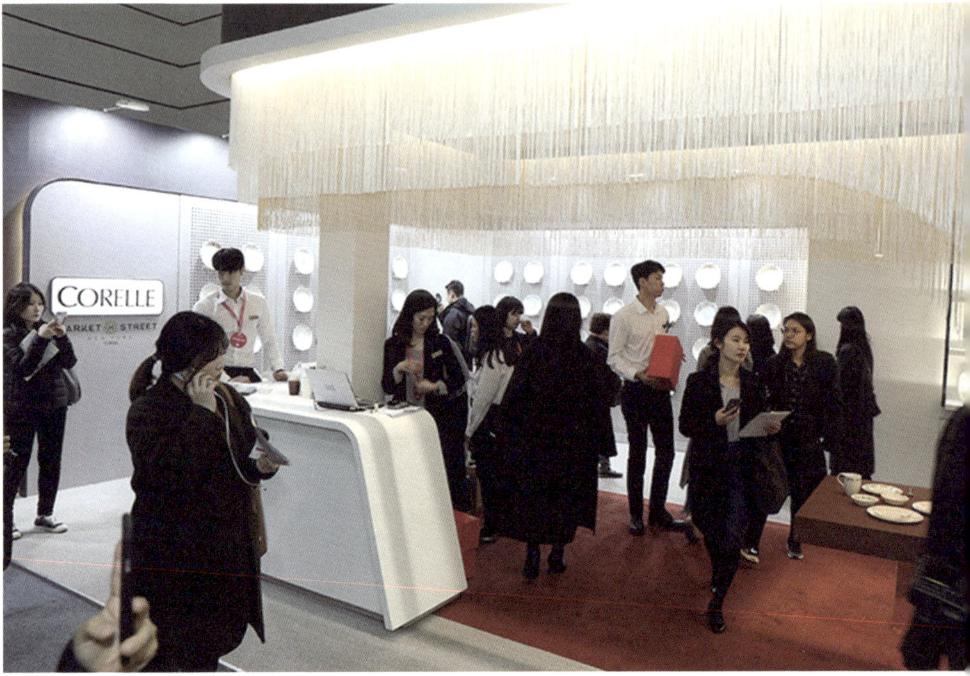
CORELLE
MARKET STREET

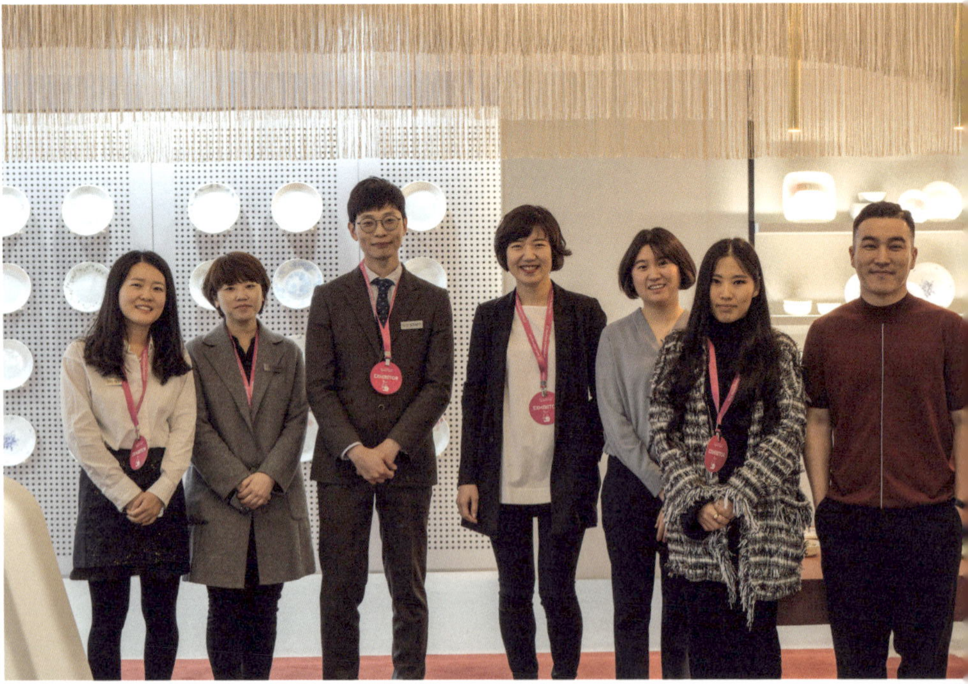

주장을 끊임없이 했다. 전략은 성공이었다. 덕분에 페어 당시 오신 분들 대부분이 "어, 코렐이었어?" 하며 의아해하는 모습이 자주 연출됐다. 물론 실망하는 분들도 더러 계셨지만 대부분 "코렐에서 이런 것도 해?" 하며 사진 찍는 분이 대다수였다. 첫날 오픈 해서 이래저래 열심히 뛰고 있는데, '눈에 띄는 공간상' 수상자로 뽑혔다는 연락을 받게 되었다. 비록 국가에서 주는 큰 상도 아니고 어마어마한 파급력이 있는 상은 아니었지만 인정을 받은 것 같아 정말 기뻤다. 스스로도 긴가민가했던 부분이 있었고 워낙 쟁쟁한 브랜드들이 나왔기 때문에 기대도 하지 않았는데 믿고 따라준 사람들이 있었기에 가능한 결과였다. 확신과 믿음은 이렇듯 좋은 결과를 가져다준다는 것을 한 번 더 깨닫게 되는 순간이었다.

에필로그

　2년여의 시간 동안 〈종킴디자인스튜디오〉는 강아지 호텔, 대형 플래그십 스토어, 작은 동네 빵집까지 가리지 않고 다양한 공간을 디자인해왔다. 명품 공간 디자이너로 알려진 바와 다르게 여러 분야의 일을 한 이유는 일을 선택하는 데 '새로운 일'을 가장 우선시하기 때문이다. 돈을 기준으로 삼지 않고 프로젝트의 성향에 맞는 여러 가지를 경험해보는 것이 장기적으로 〈종킴디자인스튜디오〉가 더 성장하는 데 도움이 될 것 같다는 믿음에서였다.

　그 때문에 우리 팀은 일이 들어오는 순서대로 계획을 세우지만 동시에 여러 일이 들어왔을 때는 배울 수 있는 프로젝트를 기준으로 일을 진행한다. '상업적 디자이너'에 대한 나의 소신은 한결같다. 이 타이틀을 지닌 사람은 작가의 예술적인 마인드보다 클라이언트를 도와주는 핵심적인 '도우미' 역할을 해야 한다는 게 지론이다. 클라이언트를 잘 이해하고 그들이 꿈을 잘 이룰 수 있게끔 공간과 사람을 이어주는 매개체가 되어야 하는 것이다. 그들의 요구에 살을 더하고 빼는 작업, 내가 하는 일을 통해 순수예술 작가들을 사회로 끌어들이는 작업, 디자인을 모르는 사람들의 안목을 넓혀주는 것, 이것이 우리가 해야 할 역할이다. 나 혼자 잘하기보다 함께 잘할 수 있어야 한다는 철학이 〈종킴디자인스튜디오〉가 나아가는 중요한 방향 중 하나이다.

시간이 흘러도 여전히 공간과 열심히 살고 있다면 언제든 인테리어 소장으로 불리길 원한다. 고고함을 지키거나 예술가로 창조적인 역할을 하기보다는 지극히 상업적인 것, 그게 인테리어디자이너가 가야 할 길이기 때문이다. 나는 '패션피플'은 아니지만 매년 패션쇼 컬렉션을 빠짐없이 보려고 하고 전혀 관계없는 다양한 분야의 이야기를 경청한다. 생활의 모든 부분에서 경험치를 쌓고, 어디서든 배울 점이 있다고 믿기 때문이다. 또한 새로운 것에 대해 겁이 없는 것이 가장 큰 강점이기도 하다. 회사 식구들에게도 늘 얘기하지만 실수하는 것에 겁먹지 말라고 한다. 해결하는 방법을 찾으면 되니까. 앞으로도 〈종킴디자인스튜디오〉는 지금처럼 겁먹지 않고, 다양하게 흡수하며 적극적으로 세상에 다가갈 예정이다.

감사의 말

여기까지 올 수 있도록 믿어주시고 적극적으로 지원해주신 부모님과 하나뿐인 여동생 그리고 내 곁에서 묵묵히 지켜봐주는 나의 한 사람, 나의 힐링 포인트 '켄'과 '밤'에게 감사와 사랑의 인사를 보냅니다. 그리고 학생 때부터 나를 믿어주고 여전히 기댈 수 있도록 배려해주는 친절한 Patrick Jouin and Sanjit Manku, Merci Beauoup!

〈종킴디자인스튜디오〉의 기둥인 소중한 팀원들, 박종선 팀장, 손재홍 팀장 그리고 신한별, 이은화, 이혁진, 천상은, 김준희 디자이너, 이다영 작가, 스타일링으로 공간의 마침표를 찍는 고은선, 이지현 실장, 우리 공간과 어울리는 예술작품을 제안해주는 김민선 큐레이터, 고맙습니다.

그리고
우리를 믿고 함께해주신 클라이언트들

〈미를리플로르〉이인경 대표, 〈인터로그〉윤수정 대표, 〈주식회사 안남〉김지형·전민 대표, 〈하울팟〉안중근·임동률 대표, 〈디자인하우스〉이영혜 대표, 〈서울미디어그룹〉정미경 편집장, 〈삼성물산〉SI 팀 그리고 마영범 고문, 〈프리시즌〉김한엽 대표, 〈PDG〉나훈영 대표, 〈SM엔터테인먼트〉, 〈SG다인힐〉박영식 사장, 〈레오네〉김건유 대표, 권한나 대표, 〈요술꼬치&마법갈비〉정준하 대표, 〈살롱드쿡〉김유선 대표, 〈코렐〉브랜드 마케팅 팀, 〈아모레퍼시픽 설화수〉디자인 팀, 〈DITA USA HQ〉, 〈대림산업〉, 〈우림FMG〉, 〈신세계백화점〉여성복사업부, 〈루이비통코리아〉, 〈K2 KOREA〉, 〈데이포미〉, 〈KUSHI & COOK〉, 감사합니다.

그리고
든든한 협력자들

디자인 설계를 완벽하게 실제로 구현하는 든든한 시공 팀 〈미들네임〉, 〈엔케이코퍼레이션〉, 〈이오에스엔디〉, 〈해담디자인〉, 〈이상네트웍스〉, 공간의 빛을 한층 더 밝혀주는 〈삼진조명〉의 최혁재, 홍

지숙 이사, 브랜딩으로 하나의 완성체를 만드는 〈스튜디오 기오〉의 신기오 대표, 프리랜서 김남윤 디자이너, 재미있는 아이디어로 세련된 세라믹을 디자인하는 〈하프하프〉의 이취원 작가, 세상에 하나뿐인 유니크한 오브제를 유리로 실현시켜주는 〈그리고스튜디오〉의 정정훈 작가, 디자인 가구로 적극적인 도움을 주시는 〈비아인키노〉, 〈인피니〉, 〈이노메싸〉, 설계를 더 풍성하게 유지할 수 있도록 품질 좋은 마감재를 제안해주시는 〈유앤어스〉, 〈두오모티앤에스〉, 〈다브〉, 원단의 아름다움을 최대치로 끌어내주는 〈렌스〉의 윤대우 님, 안솔 디자이너, 〈아르하꾸뛰르〉의 신아롱 디자이너, 하나부터 열까지 디테일하게 챙겨주는 〈북한남갤러리〉의 송은실 대표, 차와 향 그리고 꽃에 이르기까지 후각의 다양한 매력을 발견하게 해준 〈떼오도르〉의 이상미 대표, 프로젝트가 끝날 때마다 공간의 장점을 극대화해 촬영해주는 〈스튜디오심〉의 심윤석 실장, 온라인에서 힘을 실어주는 〈크리에이티브 밴드〉 한재일 대표, 어리숙한 삶에 진심어린 조언을 주시는 안 선생님, 학생들과 강연으로 소통할 수 있도록 기회를 준 〈홍익대학교〉 김주연 교수 외 협력해주신 분들 모두 감사합니다.

마지막으로
공간의 힘을 믿고 노력하는 많은 분께 박수를 보냅니다.